U0856361

中文社会科学引文索引（CSSCI）来源集刊

第一资源

First Resource

吴 江 主编

中国人事科学研究院/编

总第26辑

2013年第4辑

党建读物出版社

图书在版编目（CIP）数据

第一资源. 总第26辑 / 吴江主编; 中国人事科学研究院编. —北京: 党建读物出版社, 2013. 8

ISBN 978-7-5099-0447-3

Ⅰ. ①第… Ⅱ. ①吴… ②中… Ⅲ. ①人力资源管理—文集 Ⅳ. ①F241-53

中国版本图书馆 CIP 数据核字（2013）第227712号

第一资源

DIYI ZIYUAN

（总第26辑）

吴江 主编

中国人事科学研究院 编

责任编辑:郭涛 **责任校对**:张学民 **装帧设计**:创造力

党建读物出版社出版发行

http: //www. djcb71. com

（北京市西城区南横东街6号 邮编: 100052 电话: 010-58587632 / 7681）

新华书店经销 保定市中画美凯印刷有限公司印刷

787毫米×1092毫米 16开本 9. 25印张 209千字

2013年8月第1版 2013年8月第1次印刷

印数: 1—3000

ISBN 978-7-5099-0447-3 定价: 30. 00元

卷 首 语

党的十八大报告指出，要“深化企业和机关事业单位工资制度改革”。为了更好地贯彻党的十八大精神，围绕人力资源和社会保障部中心工作，本辑《第一资源》“专题研究”栏目发表了四篇关于机关事业单位收入分配的文章，分别探讨了公共部门薪酬决策中“可比价值”原则的应用、公务员工资调查比较的匹配技术、事业单位职业年金制度的关键环节以及典型发达国家的公务员工资结构等问题。这些文章的观点，可为人力资源和社会保障部进一步做好工资收入分配工作提供理论参考。

本辑《第一资源》在“国际比较”栏目刊发了相关文章，对国外公共部门人力资源管理和服务等问题进行了探讨；“管理创新”栏目的文章分析了在我国经济结构调整的背景下，企业人力资源管理和政府绩效管理的理论与实践。在当今全球化时代，我国应结合经济社会发展实际，借鉴国外人力资源管理的先进经验，提升我国政府和企业的管理绩效。

促进高质量就业，是人力资源和社会保障部落实党的十八大精神的重要举措。本辑《第一资源》“就业研究”栏目刊发了人力资源和社会保障部重大课题“智力密集型产业发展和相关职业岗位开发研究”的部分成果，并刊发了几位年轻学者关于我国就业质量内涵与测量、评估及改善问题探讨的文章，以期为更好地促进我国高质量就业工作开展提供理论参考和实践借鉴。

编　者

2013 年 8 月

目　录

专题研究

国际比较

管理创新

就业研究

Contents

Special Topic

International Perspectives

Management Innovation

Employment Research

“可比价值”及其在公共部门薪酬决策中的应用

刘 昕 刘 影*

［摘要］“可比价值”是在“同工同酬”的基础上提出来的一种薪酬水平比较原则，最初主要被用于解决薪酬中的性别歧视问题。“可比价值”的一种重要实现途径是工作评价，即通过确定工作内容中包括的工作价值要素，然后对工作价值要素进行评价来确定工作的相对价值。尽管存在各种争论，但“可比价值”原理仍然被广泛应用于公共部门和私营部门之间的薪酬比较以及公共部门的薪酬水平决定中。

［关键词］“可比价值” 薪酬差距 工作评价 工作价值要素

在市场经济条件下，确定公共部门的薪酬水平是一个很大的难题。这是因为，企业可以通过劳动力市场来确定不同类型职位上的员工的通行薪酬标准，而公共部门则不得不借助与私营企业的薪酬比较来确定工作人员的薪酬水平。在西方，公共部门和企业之间的薪酬比较之所以被认可，一个重要的基础就是“可比价值”原理。因此，本文拟对“可比价值”原理的产生、实施效果、相关争论及其在公共部门的应用价值等加以分析。

一、“可比价值”的内涵及其实现路径

（一）“可比价值”的内涵及其与“同工同酬”概念的异同

“可比价值”（comparable worth）的概念与“同工同酬”（equal pay for equal work）的概念是一脉相承的，两者最初出现的目的都是为了解决收入分配领域存在的歧视问题，尤其是性别歧视。从表面上看，“可比价值”似乎仅仅是“同工同酬”概念的另外一种表述而已，因为同样都涉及两种不同工作之间的薪酬对比及其公平性问题。但两者在内涵上却存在一定的区别，“可比价值”适用的范围要比“同工同酬”更宽一些，它实际上是“同工同酬”概念的一种延伸。

“同工同酬”概念最初是通过美国1963年颁布的《公平薪酬法案》（Equal Pay Act of

* 作者刘昕系中国人民大学公共管理学院组织与人力资源研究所教授；刘影系中国人民大学公共管理学院硕士研究生。

1963）确定下来的，该法案要求雇主必须忽略员工的性别差异，对从事相同的工作的员工支付相同的薪酬。这里所谓相同的工作是指在技能、努力程度、责任以及工作条件方面相同的工作。尽管最初在立法时采用的是可比的工作（comparable work）概念，但由于争议太大，最终在通过法律时改成了相同的工作（equal work）。①

所谓“可比价值”，就是指应当为具有相同价值的工作支付相同水平的薪酬。其背后的一个基本理论假设是：在每一种工作中都存在一个独立于市场供求力量的内在价值。② 从字面上看，“同工同酬”强调必须是“相同的工作”才能得到相同的报酬，而“可比价值”则强调“相同价值的工作”就应当得到相同的报酬。显然，“相同价值的工作”要比“相同的工作”适用的范围更广一些。与“同工同酬”概念不同，“可比价值”的概念从来没有得到法律方面的正式界定，只是体现在一些法院的判决之中。不过，公认的一点是，“可比价值”的概念的法律基础是 1964 年颁布的美国《民权法案》第七章（Civil Rights Act of 1964，Title VII），该法案明确禁止雇主基于种族、肤色、信仰、性别和国籍等因素对员工实行差别性的对待。

“可比价值”与同工同酬之间还存在以下两个方面的区别：第一，同工同酬的原则是严格限定在一个组织内部的，即在同一个组织内部对从事相同工作的员工支付相同的薪酬即可；而“可比价值”原则却是可以适用于不同组织之间以及社会上的。它强调不同的组织对于具有“可比价值”的工作应当支付大体相同的薪酬。③ 第二，“同工同酬”原则主要针对的是薪酬支付中的性别歧视，而“可比价值”则针对除性别之外的其他一些薪酬支付中的歧视，比如基于种族、肤色、宗教信仰等实施的歧视。因此，“同工同酬”原则认同雇主基于员工的资历、绩效、产品质量以及其他非性别因素支付不同的薪酬，而“可比价值”原则却没有明确哪些因素造成的薪酬差别是可以接受的。④

从理论上来说，“可比价值”问题是一个综合性的研究课题，不同的学派从不同的研究角度对“可比价值”作出了不同的界定。第一，社会哲学学派强调的是工作的输入方面，认为收入必须与贡献相等，对同样的人必须给予同样的对待，即能力相同的人应当得到相同的薪酬。它的关注点主要在人这一个因素。第二，新古典经济学派则强调市场竞争，认为“可比价值”是市场交换中表现出来的个人价值，通过竞争性市场工资率的形式表现出来，价值高的工作自然会通过市场供求得到较高的市场工资率。其关注点在于工作职位和人两个因素。第三，激进经济学派由于受到社会主义思潮的影响，主张广泛平等，因而和社会哲学学派一样也强调薪酬的“贡献”特征。第四，行政学则拥有更为广泛的视角，它

---

① Moore M. V.，“Comparable Worth：Is It a Moot Issue? Part 2：The Legal and Juridical Posture”，*Public Personnel Management*，1994，23（2），pp. 263-286.

② Joines D. H.，“An Experimental Study of Job Evaluation and Comparable Worth”，*Industrial and Labor Relations Review*，2001，54（4），pp. 806-815.

③ England P.，“The Case for Comparable Worth”，*The Quarterly Review of Economics and Finance*，1999（39），pp. 743-755.

④ Fay C. H.，“Contractors，Comparable Worth and the New OFCCP：Deja Vu And More”，*Compensation and Benefits Review*，2000（5），pp. 23-33.

强调综合采用规范准则(normative criterion)下的工作评价方法和实证准则(empirical criterion)下的市场调查方法来实践"可比价值",其关注点在于职位的价值。①

(二)"可比价值"的实现路径

"可比价值"要求对具有相同价值的工作支付相同的薪酬,即只要能够通过价值评价等方法判断不同工作的内在价值,然后根据内在价值相同则薪酬相同的原则来支付薪酬。由此可见,实现"可比价值"要求的一条重要路径就是找到能够确定各种不同工作所具有的内在价值的方法。这种方法就是通常所说的对工作所具有的内在价值进行衡量的工作评价或职位评价(job evaluation)方法。换言之,界定"可比价值"的一个关键问题在于如何确定在工作中包含的所有重要工作价值要素(job worth factor),然后基于这些价值要素或工作的总体价值来对工作进行准确有效的评价。一旦不同的工作具有相同的价值分数,则即使这两种工作在内容上是完全不同的,也可以视为价值相同。② 因此,通过评价职位的价值来合理地设计和实施薪酬计划的做法也就被认为有助于保证薪酬的内部公平性、外部公平性以及个人公平性。

"可比价值"和工作评价的实施必须以一定的价值要素为基础。但是,关于在对不同的工作进行评价时到底应当使用哪些价值要素,目前却并未有一致性的结论。1963 年的美国《公平薪酬法》明确规定,保证公平性的四种工作比较要素分别为技能、努力、责任和工作条件。但在实践中不同工作评价方案所采用的价值要素却存在较大的差异。美国联邦政府曾经采用知识要求、工作中受到的监督、工作指导方针、工作复杂性、工作范围及影响、工作中的人际接触、人际接触的目的、体力要求、工作环境九大价值要素。后来又合并成知识要求、工作控制和复杂性、工作接触、物理环境四大价值要素。美国合益(Hay)咨询公司采用知识、解决问题要求以及应负责任三大价值要素以及八个子要素来进行工作评价。此外,威尔士(Wills)在评价公共部门的管理工作并将其与市场薪酬进行比较的研究中,提出了工作条件、工作复杂性、教育或经验要求、体力耗费和责任五大基本要素。③ 而在对男性和女性所从事的工作的价值及其薪酬进行比较过程中,皮尔森(Pierson)则运用了多项独立的价值要素来对工作进行评价,其中包括认知判断要求、人员培训要求、工作复杂性、体力要求、工作条件及读写能力要求等。④

除了价值要素的选择之外,具体实施工作评价的人也对最终的评价结果产生影响。例如,琼斯(Jones)和菲利普斯(Phillips)通过实证研究发现,"可比价值"的实施结果很大程度上依赖于评价者和价值要素的选择。研究证明,并非所有的评价者都能准确界定和

---

① Mahoney T. A., "Approaches to the Definition of Comparable Worth", *Academy of Management Review*, 1983, 8 (1), pp. 14-22.

② Hill M. A., *Comparable Worth Analyses and Evidence*, Ithaca NY: ILR Press, 1989.

③ Moore M. V., "Comparable Worth: Is It a Moot Issue? Part 2: The Legal and Juridical Posture", *Public Personnel Management*, 1994, 23 (2), pp. 263-286.

④ Pierson D. A., "Equal Pay for Jobs of Comparable Worth: A Quantified Job Content Approach", *Public Personnel Management*, 1983, pp. 445-460.

测量出工作所具有的相对客观的“内在价值”。[①] 因此，在实施“可比价值”时，还必须慎重地选择评价者。

二、“可比价值”政策的实施效果及相关争论

学者们一直关注“可比价值”政策的利弊以及实施效果。在此，我们将对一些关于“可比价值”政策的评估性研究加以考察和总结。

（一）关于“可比价值”政策实施效果的讨论

如前所述，“可比价值”起源于美国于1964年颁布的《民权法案》，此后，1972年颁布的《公平就业机会法》（The Equal Employment Opportunity Act of 1972）、1978年颁布的《公民服务改革法》（Civil Service Reform Act of 1978）以及1987年颁布的《公民权利恢复法》（Civil Rights Restoration Act of 1987）的陆续实施，进一步有力地推动了“可比价值”的贯彻落实。除美国外，加拿大、英国、澳大利亚、丹麦等其他一些发达市场经济国家也高度重视“可比价值”问题，制订实施了一系列与之相关的法案和政策，使得“可比价值”原理在世界范围内得到认可。[②]

一系列法律和政策的实施使“可比价值”不再仅停留在理论研究层面，也导致经济社会的各个方面发生了一些变化。例如，在美国加利福尼亚州的圣何塞市，通过实施“可比价值”计划，全市的就业率并未下滑，在男性就业率保持不变的情况下，女性的就业率反而大大提高；不过，与此同时，职业隔离却变得更加严重了。[③] 在华盛顿州，实施“可比价值”计划后，女性劳动者的薪酬水平提高了，男女之间的收入差异下降了，但是依市场价格确定薪酬的机制却被扭曲了。[④]

此外，威廉（Will）经过研究总结出了“可比价值”政策实施30多年对于劳动力市场产生的多方面影响：其一，在数量方面，“可比价值”政策导致女性的劳动力供给量上升，女性劳动力投入的成本上升，社会对于女性参加工作的看法发生了很大的改变。其二，在质量方面，预期工资率的上涨导致劳动者对教育和培训的投资增加，进而使劳动力质量有所改善。其三，“可比价值”政策也造成了一定的负面影响，比如女性的就业量下降等。其四，“可比价值”政策的实施使公共部门与私营部门中的男女两性间收入差异均缩小了，不过，与私营部门相比，这项政策对公共部门产生的影响更小一些。[⑤] 这一方面是因为由于政

① Joines D. H.，“An Experimental Study of Job Evaluation and Comparable Worth”，*Industrial and Labor Relations Review*，2001，54（4），pp. 806-815.

② Pascal A.，“Equal Pay for Work of Comparable Worth：the Experience of Industrialised Countries”，*Monthly Labor Review*，1992（12）.

③ Kahn S.，“Comparable Worth：The Case of San Jose，California”，*Industrial Relations*，1992，31（2）.

④ O' Neill J.，“Effects of Comparable Worth Policy：Evidence from Washington State”，*AEA Papers and Proceedings*，1989（5），pp. 305-309.

⑤ Will L.，“The Equal Pay Case—Thirty Years On Labour Market Consequences of a Comparable Worth Policy”，*The Australian Economic Review*，1999，32（3），pp. 292-297.

治压力和法律法规的限制，公共部门中的性别歧视问题本身不如私营部门那么明显；另一方面也是由于工作性质方面的原因，即公共部门中的工作多为行政事务类，对任职者的身体条件要求较少，男性与女性任职者在工作效率方面存在的差异也较小，因而性别因素在员工招聘和薪酬政策中的重要性不那么大。

然而，也有学者认为，"可比价值"政策实际上并未实现消除薪酬不公的目标。比如，奥拉其姆（Orazem）通过对美国艾奥瓦州实施"可比价值"政策过程进行的观察和研究发现，"可比价值"政策的实施并未达到预期效果。在政策实施的过程中，旨在消除一半两性薪酬差距的政策目标并未达到，男性与女性间的收入差异仅仅缩小了32%—40%。这项政策未使任何人口群体的薪酬水平下降，而是使薪酬的总成本上升了。并且，原本旨在分配给女性劳动者的利益在实施的过程中被间接地分配给了其他群体，如工会会员、专家、管理者和高薪人员等。① 马克（Mark）指出，"可比价值"政策会使男性和女性的就业率均出现下降，并且当异质性偏好存在时，即使不存在歧视，"可比价值"政策也无法保证薪酬的公平性。因为女性的不利薪酬地位可能是由于雇主歧视造成的，也可能是由于与性别相关的其他偏好造成的。②

（二）关于"可比价值"政策利弊的争论

"可比价值"政策自推行以来就引起了学界的一系列讨论，一些学者对"可比价值"政策提出了批评意见。他们认为，"可比价值"政策违背了市场经济规律，不仅效力不足，而且可能产生负面效果，并且这项政策本身也存在诸多缺陷。具体来说，对"可比价值"的批判和争论主要集中在以下方面。

第一，"可比价值"实际上是希望实现第三方定价，而这种做法违背了市场经济规律，会产生经济成本。

新古典经济学理论认为，在市场经济条件下，劳动力市场通过供求平衡的出清状态下决定的市场工资率来确定工作的价值。而"可比价值"政策则企图跳过劳动力市场机制，通过武断且主观的薪酬决定来改变市场的自然决策过程。而市场机制必然会对这种干预措施作出反应：工资率的上涨会导致工作机会的减少，失业率的上升，从而最终引起市场的无效和混乱。③ 同时，"可比价值"政策的实施还需要耗费一定的资源，因而会带来一些经济方面的代价，其直接成本和间接成本都是巨大的。此外，在供求力量主导的劳动力市场上，薪酬具有提供信息以及调节劳动者流动的重要作用。供求信息既有利于求职者选择适合的职业通道，又利于企业调节对不同技能劳动者的需求。而"可比价值"政策在薪酬设定的过程中则忽视了市场力量的变化，使这些功能被忽略或弱化，对雇主和员工双方均产

① Orazem P. F.，"The Implementation Process of Comparable Worth: Winners and Losers"，*Journal of Political Economy*，1990，98（1），pp. 134-152.

② Killingsworth M. R.，"Heterogeneous Preferences，Compensating Wage Differentials，and Comparable Worth"，*Quarterly Journal of Economics*，1987（4），pp. 727-741.

③ Peterson J.，"The Challenge of Comparable Worth: An Institutionalist View"，*Journal of Economic Issues*，1990，24（2），pp. 605-612.

生了不利影响。① 因此，伍登（Wooden）认为，现行的由劳动力供求双方共同决定工资的体系运行良好，并不需要进行人为的干预。②

对于这些诟病，也有学者指出，第三方干预是市场经济中的一种常见现象，并非只有“可比价值”政策才存在。任何政策的实施都有一定成本，只要改革带来的收益足以弥补其成本，政策就是有益且可行的。并且，“可比价值”政策并非完全主观性地对工作进行评价以及确定薪酬，它允许市场原则决定某种特定工作的价值，同时也承认市场工资率。③ 从这个意义上而言，“可比价值”并非是对自由市场过程的一种干预，而仅仅是对于市场失灵所作的一种纠正。④ 因此，“可比价值”主要应当用于出现市场失灵、市场依靠自身力量难以解决的情况。比如，由于歧视造成不同社会群体间出现不合理的薪酬差异，以及在政府和非营利部门工作人员的投入和产出难以衡量等情况。

第二，“可比价值”政策并未触及薪酬差异问题的实质，无法达成预期效果。

“可比价值”政策的一个基本假设是，不同的社会群体（特别是男性与女性间）的薪酬差异是由于雇主歧视造成的，一旦为工作确定了价值，再将其无差异地应用于所有各类人口群体以及各类行业，就能够消除歧视，实现公平。然而，很多学者指出，不同社会群体间的收入差异并不完全是歧视或某些职位的工作价值被低估造成的结果。地理要素、行业要素、组织特征、工作差异、个人差异等多种内部和外部因素共同导致了男性与女性间存在的收入差距。⑤ 实际上，导致女性劳动者的薪酬普遍低于男性的主要原因有很多：雇主故意将女性雇用到薪酬水平较低的岗位上；女性在人际关系方面存在不利条件；女性多因考虑工作时间灵活等原因主动选择低薪和压力较少的工作；女性更换工作的频率更高；因婚姻和照顾家庭造成的对工作不利影响；女性占主体的行业整体薪酬水平本来就较低等。⑥ 还有经济学家指出，“拥挤假设”（crowding hypothesis）也是造成女性不利经济地位的原因之一。即由于过去已经存在的职业隔离，女性很难进入男性主导的行业，只能进入其他行业，而女性劳动力的大量涌入导致这些行业的劳动力供给大于需求，从而工资水平下降，进一步加剧男女之间的工资差距扩大。因此，通过工作评价来确定一种工作的薪酬水平并不能达到预期的缩小薪酬差距的效果，女性等低薪群体的“向上流动”（upward mobility）

---

① Gethman B. R.，“The Job Market, Sex Bias, and Comparable Worth”, *Public Personnel Management*, 1987, 16 (3), pp. 173-180.

② Wooden M.，“The Employment Consequences of Comparable Worth Policies”, *The Australian Economic Review*, 1999, 32 (3), pp. 286-291.

③ England P.，“The Case for Comparable Worth”, *The Quarterly Review of Economics and Finance*, 1999 (39), pp. 743-755.

④ Hartmann H.，*The Case for Comparable Worth*, Washington, D. C.，1984.

⑤ Fay C. H.，“Contractors, Comparable Worth and the New OFCCP: Deja Vu And More”, *Compensation and Benefits Review*, 2000 (5), pp. 23-33.

⑥ Moore M. V.，“Comparable Worth: Is It a Moot Issue? Part 2: The Legal and Juridical Posture”, *Public Personnel Management*, 1994, 23 (2), pp. 263-286.

才是根本的问题解决之道。①

针对这类批判，保拉（Palula）辩护说，在企业的内部劳动力市场中，由于在职员工已经拥有特殊人力资本，通常会受到就业保护，被降薪或解雇的可能性很小。这种情况下，即使在市场上存在同质的低价劳动力，企业选择用外部人对内部人员进行替换的可能性也很小，因而通过劳动力流动难以改变就业现状。另外，市场和企业决策要考虑效率问题，虽然废止职业隔离和实行向上流动扩大了正在寻找工作的那些求职者的选择范围，但对于已进入某些职业的人员来说，迫使他们更换工作所产生的时间成本和培训成本同样十分巨大。因此，从全社会范围来看，通过废止职业隔离来解决薪酬差异的做法，在成本和难度上都远远大于和高于“可比价值”政策。无论薪酬差异是因为工作价值评价不当造成的，还是“拥挤假设”造成的，“可比价值”政策都是有效的解决之道。② 事实上，一些严谨的实证分析表明，“可比价值”政策可以消除近一半（46%）的工资差距，这说明这种政策是有效而且可行的。③

第三，“可比价值”政策存在许多不足，会产生不良后果。

有学者认为，“可比价值”政策试图通过工作评价来确定不同工作的薪酬，但是并不存在一种在全社会范围内通用的工作价值评价标准，因此，工作评价仅仅适用于在一个组织内部进行比较，而无法扩展到公司与公司之间的工作价值比较，而这种适用范围的有限性决定了它无法对整个社会的薪酬差异产生影响。④ 还有学者指出，在薪酬管理中，维护一个组织薪酬的内部公平性和增强本组织薪酬的外部竞争力是有效管理的两大基础，而“可比价值”仅仅强调根据工作价值要素确定薪酬，关注了前者，却忽略了后者。虽然一定程度上使内部公平性得到了保证，但是却无法保证企业薪酬的外部竞争性。⑤ 奥德里奇（Aldrich）认为，“可比价值”政策的实施仅仅关注了低薪群体的薪酬水平提高问题，却并没有同时将高薪群体的薪酬水平降下来。因此，一旦这种政策的支持者获得了制定工资的权力，必然会利用这一政策提高工资水平。也就是说，政府和法律的介入将导致整个社会工资水平的普遍提高。⑥ 而人力成本的上升又必然导致产品价格的上升，从而造成本国产品的国际竞争力下降，不利于社会经济的长远发展。

对此，哈特曼（Hartmann）指出，对工作价值的评价是由每一位雇主独立作出的，其

---

① Peterson J.，“The Challenge of Comparable Worth：An Institutionalist View”，*Journal of Economic Issues*，1990，24（2），pp. 605-612.

② England P.，“The Case for Comparable Worth”，*The Quarterly Review of Economics and Finance*，1999（39），pp. 743-755.

③ Sorensen E.，“Equity Between the Sexes in Economic Participation”，*AEA Papers and Proceedings*，1986，76（2），pp. 364-367.

④ Johnson G.，“Estimates of the Direct Effects of Comparable Worth Policy”，*The American Economic Review*，1986，76（5），pp. 1117-1125.

⑤ Gethman B. R.，“The Job Market，Sex Bias，and Comparable Worth”，*Public Personnel Management*，1987，16（3），pp. 173-180.

⑥ Aldrich M.，*The Economics of Comparable Worth Cambridge*，MA：Ballinger Publishing Company，1986.

目的在于纠正企业内存在的薪酬不公问题。绝对价值评价标准的缺乏并不能限制雇主决定组织内部不同工作之间的相对价值，具有为组织内的弱势群体争取薪酬平等的能力，因此，这种通用评价标准的缺乏对实现“可比价值”目标而言不会产生很大的阻碍。[①] 另外，“可比价值”政策也并非单纯为了公平而牺牲效率，现行的工资决定体制中确实存在歧视，并且这种歧视阻碍了劳动力市场上的自由流动。“可比价值”政策的运用能够使市场工资水平更加接近无歧视时的市场状态，从而有助于增加效率，提高生产率。对于因“可比价值”政策的实施而导致人力成本上升，斯坦伯格（Steinberg）指出，此类成本在薪酬变化过程中处在雇主的可控范围之内，在理想条件下，这种薪酬调整成本对于总成本的影响很小，仅占人力资源总成本的2%—5%左右。[②]

三、“可比价值”在公共部门薪酬决定中的应用

“可比价值”概念尽管同时适用于私营部门和公共部门，但它在公共部门中的应用更有价值，尤其是对于建立公共部门薪酬和私营部门薪酬之间的可比关系更是具有重要意义。

（一）公共部门薪酬水平决定的困境

如果说为私营部门中的不同工作确定价值还存在一定的困难，为公共部门中的各种工作确定合理的薪酬水平就更是困难。福格尔等认为，公共部门中的工作所得到的薪酬应该与私营部门中类似工作岗位上的薪酬相同。[③] 这是因为，如果公共部门的薪酬水平过高则必然造成资源的浪费和低效率，意味着社会为维持现有的公共部门员工队伍付出了高于实际需要的成本。相反，如果公共部门的薪酬水平低于私营部门，同样也存在不利后果。因为从长远来看，这种状况会造成高素质劳动力从公共部门的流失，从而降低公共部门的人力资源质量。因此，与私营部门中的类似工作保持大体相同的薪酬水平，已经成为得到普遍认可的确定公共部门薪酬水平的标准之一。比如，日本国家公共服务法案和地区公共服务法案都规定，公职人员的薪酬必须基于其履行的职责和承担的责任，同时禁止任何歧视行为。

然而在具体操作中，公共部门参考劳动力市场上各类私营部门的工作来确定公共部门中类似工作的薪酬水平，存在一些困难。首先，公共部门的生产率难以衡量，因此很难像私营部门那样根据生产率来直接决定薪酬水平。其次，虽然采取与私营企业同类或相似的工作进行比较的方法也是一种确定公共部门薪酬水平的可行之路，然而，公共部门中的很多工作在私营部门中并没有完全类似甚至基本相似的可比工作。很多工作很难在私营部门中找到可以对应的工作和相应的薪酬信息，比如监狱看守、消防队员等。再次，即使是在

① Tompkins J., “Comparable Worth and Job Evaluation Validity”, *Public Administration Review*, 1987 (5), pp. 254–258.

② Steinberg R. J., *The New York State Pay Equity Study*: *A Research Report*, N. Y.: State University of New York Press, 1986.

③ Fogel W., “Wage Determination in the Public Sector”, *Industrial and Labor Relations Review*, 1974, 27 (3), pp. 410–431.

劳动力市场上从事类似工作的不同员工群体往往也存在巨大的薪酬差异，政府在选择哪些员工群体作为自己确定薪酬水平的参照时，同样面临一些难以回避的难题。比如说，政府在有些行业中往往起着主导作用，政府的决策会直接影响到该行业的通行工资水平，因此，如果将公共部门的薪酬与这些行业的薪酬水平挂钩，容易导致一些不正当的政治行为。

（二）"可比价值"在公共部门薪酬决定中的价值及其实现方式

正是因为对市场上各种工作的薪酬信息难以直接作出判断，同时又希望确保公共部门的薪酬内部公平性，所以，公共部门倾向于选择使用"可比价值"，即基于工作内容中包含的价值要素来确定不同的工作等级，并据此确定不同工作等级之间的相对薪酬水平。① 从理论上来说，"可比价值"能够产生一种公共部门和私营部门的相对薪酬结构，这种结构可以使公共部门的薪酬更加接近通行工资水平（prevailing wage）。

公共部门如此推崇"可比价值"政策，除了前面所述的原因之外，还存在以下两个方面的原因：一方面，公共部门的规模较大，工作类型更为多样，这就为不同工作之间的相对价值比较提供了可能；另一方面，在公共部门工作的女性员工较多，构成了推行"可比价值"政策的内部力量。② 可见，公共部门是"可比价值"政策的主要推行领域。甚至有许多学者认为，"可比价值"只应当在公共部门中加以运用，在私营部门中运用"可比价值"会不可避免地扭曲相对于劳动力市场自由运行时的工资率，对于社会发展反而是不利的。

事实上，通过"可比价值"调整薪酬水平实践也确实主要发生在公共部门中。美国华盛顿州政府于 1973 年首先实施了州内公平薪酬问题研究，其目的是比较公共部门与私营部门的薪酬水平，从而为合理调整公共部门薪酬水平提供依据。这是倡导"可比价值"的重要开端。1974 年时，研究人员在工作条件、工作复杂性、教育或经验要求、体力要求和责任五个要素的基础上，采用要素计点法对政府中的管理工作进行了评价，并且将其与市场通行工资水平进行比较，将研究结果应用于政府部门的薪酬调整。③

实践中，随着"可比价值"理念被广泛认同，加之计算机技术的飞速发展，公共部门越来越多地采用要素计点法对工作内容进行分析。这种工作评价方法的最大特点就是能够运用具有可比性的点数来对并不相似的工作进行比较，并可以广泛应用于各类行业。在具体实施的过程中，要素计点法要求首先确定对工作进行评价需要运用的报酬要素，然后根据程度差别对每个报酬要素进行等级划分和定义，并赋予每个报酬要素以不同的权重，赋予每个报酬要素的不同等级以不同的点值。一旦分别确定了每一种工作在每一个报酬要素上实际所处的程度等级，通过把该工作在每一个报酬要素上得到的点值进行加总，就可以

---

① Orazem P. F.，"Comparable Worth and Factor Point Pay Analysis in State Government"，*Industrial Relations*，1992，31（1），pp. 195-215.

② Koziara K. S.，"Comparable Worth：Organizational Dilemmas"，*Monthly Labor Review*，1985（12），pp. 13-16.

③ Moore M. V.，"Comparable Worth：Is It a Moot Issue? Part 2：The Legal and Juridical Posture"，*Public Personnel Management*，1994，23（2），pp. 263-286.

得出该工作总点值，最终建立其工作的等级结构。

虽然“可比价值”的作用在公共部门得到了证实，但需要注意的是，实施方式对于“可比价值”产生的效果有着至关重要的影响。例如，哈德立（Hundley）的实证研究结果表明，如果通过特定的薪酬上涨方式来实施“可比价值”政策，则会使公共部门的薪酬在短期内偏离通行工资标准，降低效率。相反，如果保持“可比价值”政策实施前后的薪酬总额不变，通过对现有的薪酬预算进行再分配来施行“可比价值”，就会使公共部门的薪酬水平更加接近通行工资标准。因此，“可比价值”政策是否能够得到有效实施的前提是要确保预算总量不变。这就意味着一些工作的薪酬水平上涨同时带来另外一些工作的薪酬水平下降。①

需要指出的是，公共服务理论认为，公共部门的薪酬决定不应过多地强调薪酬的竞争性，而是应当着重强调公共服务伦理或公共服务动机。这是因为，公共部门的人员所以从事这些工作，并非仅仅以获得薪酬为目的，更多的还是为了对国家、社会和民众作出贡献。因此，在公共部门和私营部门进行薪酬比较的实际操作中，公共部门的整体薪酬水平略低于私营部门是这种“公利为先”态度的重要体现。尽管如此，公共部门人员的薪酬水平决定也必须确保其能够为他们提供履行公共责任的基本物质基础。

参考文献

[1] Moore M. V.，“Comparable Worth：Is It a Moot Issue? Part 2：The Legal and Juridical Posture”，*Public Personnel Management*，1994，23（2）.

[2] Joines D. H.，“An Experimental Study of Job Evaluation and Comparable Worth”，*Industrial and Labor Relations Review*，2001，54（4）.

[3] England P.，“The Case for Comparable Worth”，*The Quarterly Review of Economics and Finance*，1999（39）.

[4] Fay C. H.，“Contractors，Comparable Worth and the New OFCCP：Deja Vu And More”，*Compensation and Benefits Review*，2000（5），pp. 23-33.

[5] Mahoney T. A.，“Approaches to the Definition of Comparable Worth”，*Academy of Management Review*，1983，8（1），pp. 14-22.

[6] Hill M. A.，*Comparable Worth Analyses and Evidence*，Ithaca NY：ILR Press，1989.

[7] Pierson D. A.，“Equal Pay for Jobs of Comparable Worth：A Quantified Job Content Approach”，*Public Personnel Management*，1983，pp. 445-460.

[8] Pascal A.，“Equal Pay for Work of Comparable Worth：the Experience of Industrialised Countries”，*Monthly Labor Review*，1992（12）.

[9] Kahn S.，“Comparable Worth：The Case of San Jose，California”，*Industrial Relations*，1992，31（2）.

① Hundley G.，“The Effects of Comparable Worth in the Public Sector on Public/Private Occupational Relative Wages”，*The Journal of Human Resources*，2001，28（2），pp. 318-342.

[10] O' Neill J., "Effects of Comparable Worth Policy: Evidence from Washington State", *AEA Papers and Proceedings*, 1989 (5), pp. 305-309.

[11] Will L., "The Equal Pay Case—Thirty Years On Labour Market Consequences of a Comparable Worth Policy", *The Australian Economic Review*, 1999, 32 (3), pp. 292-297.

[12] Orazem P. F., "The Implementation Process of Comparable Worth: Winners and Losers", *Journal of Political Economy*, 1990, 98 (1), pp. 134-152.

[13] Killingsworth M. R., "Heterogeneous Preferences, Compensating Wage Differentials, and Comparable Worth", *Quarterly Journal of Economics*, 1987 (4), pp. 727-741.

[14] Peterson J., "The Challenge of Comparable Worth: An Institutionalist View", *Journal of Economic Issues*, 1990, 24 (2), pp. 605-612.

[15] Gethman B. R., "The Job Market, Sex Bias, and Comparable Worth", *Public Personnel Management*, 1987, 16 (3), pp. 173-180.

[16] Wooden M., "The Employment Consequences of Comparable Worth Policies", *The Austrialian Economic Review*, 1999, 32 (3), pp. 286-291.

[17] Hartmann H., *The Case for Comparable Worth*, Washington, D. C., 1984.

[18] Sorensen E., "Equity Between the Sexes in Economic Participation", *AEA Papers and Proceedings*, 1986, 76 (2), pp. 364-367.

[19] Johnson G., "Estimates of the Direct Effects of Comparable Worth Policy", *The American Economic Review*, 1986, 76 (5), pp. 1117-1125.

[20] Aldrich M., *The Economics of Comparable Worth*, Cambridge, MA: Ballinger Publishing Company, 1986.

[21] Tompkins J., "Comparable Worth and Job Evaluation Validity", *Public Administration Review*, 1987 (5), pp. 254-258.

[22] Steinberg R. J., *The New York State Pay Equity Study: A Research Report*, N. Y.: State University of New York Press, 1986.

[23] Fogel W., "Wage Determination in the Public Sector", *Industrial and Labor Relations Review*, 1974, 27 (3), pp. 410-431.

[24] Orazem P. F., "Comparable Worth and Factor Point Pay Analysis in State Government", *Industrial Relations*, 1992, 31 (1), pp. 195-215.

[25] Koziara K. S., "Comparable Worth: Organizational Dilemmas", *Monthly Labor Review*, 1985 (12), pp. 13-16.

[26] Hundley G., "The Effects of Comparable Worth in the Public Sector on Public/Private Occupational Relative Wages", *The Journal of Human Resources*, 2001, 28 (2), pp. 318-342.

Comparable Worth and Its Application in Determining Remuneration Policy in Public Sectors

Liu Xin, Liu Ying

Abstract: Comparable worth which was originally used to solve the problem of sex discrimination in determining remuneration is a principle based on the concept of equal-pay-for-equal-work. One of the most important ways to realize the principle of comparable worth is job evaluation, which includes identifying job worth factors at work and evaluating the relative value based on these factors. Controversial as it is in both theoretical and practical field, the principle of comparable worth is widely used in comparing wages of private and public sectors and in determining salary level in public sectors.

Key words: comparable worth, wage gap, job evaluation, job worth factor

（编辑：吴　帅）

公务员工资调查比较的简易匹配技术探索

熊通成*

［摘要］ 实现公务员职位和企业职位之间的匹配，是我国公务员工资调查制度建设中的一个关键技术问题。本文对日本“五同技术”和美国“职位评价技术”这两种职位匹配技术分别进行了国情背景分析以及优劣势分析，同时作出了我国不宜采取日本“五同技术”，从方向上应该采取美国“职位评价技术”的基本判断。文章认为，由于我国缺乏工作分析基础，同时短期内不可能实现同一公务员职务层级的职位获得不同工资水平，导致我国不能够满足职位评价技术的条件。为解决这个问题，本文提出了在中国背景下实现以职位评价思路来实现职位匹配的三条技术创新思路，同时给出了简易职位匹配的具体技术和方法。

［关键词］ 公务员　工资调查　职位匹配技术

用与企业同价值职位的工资水平来确定公务员职位的工资水平，是国际上市场经济国家通行的做法。2006年开始实施的《中华人民共和国公务员法》提出：“国家实行工资调查制度，定期进行公务员和企业相当人员工资水平的调查比较，并将工资调查比较结果作为调整公务员工资水平的依据。”近年来，我国已经开始尝试开展公务员工资试调查工作，但面临着不少问题和难点需要解决。其中，如何确定企业相当人员，即不同职务层级的公务员工资应该与企业哪些人员的工资进行比较，是工资调查制度中的一个关键技术问题，亟待破解。

我国目前实施的公务员工资制度是以公务员级别为核心的，但要在劳动力市场中找到与各级别公务员的职位价值相当的企业职位却并非易事。由于劳动力市场中的企业职位名称及其职位工作内涵与机关工作差别很大，很难简单地通过职位名称来判断其价值。同时，即便同一名称的企业职位，其价值也大相径庭，导致公务员职位很难通过简单的名称判断，寻找到工资水平可供参考的企业相当职位。

职位匹配技术就是将公务员职位及企业职位的工作内涵进行研究和比较，对公务员职位与企业职位工资在价值上进行比较和匹配，为建立具有市场工资基础的公务员工资体系提供前提。

---

* 作者系中国人事科学研究院工资福利研究室副主任，助理研究员。

一、国外公务员职位匹配的两种技术

近几十年来，由于公务员工资应该与私营部门工资具有“可比性”这一理念逐渐被各国认可并付诸实践，职位匹配技术也逐渐在各国的实践中发展和成熟起来。尽管各国的职位匹配技术都略有不同，但总的来讲，可以分为两大类，一类是以日本为代表的“五同技术”，另一类是以美国为代表的“职位评价技术”。这两种方法各有优劣，各有适用的条件。

（一）以任职者资历作为基准的“五同技术”

日本的“五同技术”是通过“同地区、同工种、同学历、同工龄、同职务”五个条件，实现公务员和企业人员的职位匹配。“五同技术”实际上是一种外延型的职位匹配技术，即从人员的外在属性来确定其工资的可比性。其潜在的一个逻辑前提是，同地区的两个同工种、同学历、同工龄、同职务的人员，无论在政府还是在企业都应该得到相同的工资。

日本实行“五同技术”有其国情及文化原因。第一，日本无论是企业还是政府基本都实行终身雇佣制，人员往往一辈子在同一个单位工作，因此，任职者本身的资历（如学历、工龄）等就成为工资增长的最重要的依据，由此建立起“年功工资制”。第二，日本自明治维新以来，资本主义历经了 100 多年的发展，企业已经达到很发达的程度，企业成熟程度和规范程度都较高，即便是小企业的管理也相对比较规范，同类人员工资在不同类型企业间的可比性较强。第三，日本政府和企业的职务名称及其职责范畴相对而言比较接近，易于实现“同职务”。

“五同技术”有其明显的优势。第一，“五同技术”简单，容易理解，也容易被认同，在实际操作中，只需要把“同地区、同工种、同学历、同工龄、同职务”的人员找到，就可以将公务员工资和企业人员工资进行比较。第二，“五同技术”在比较上也非常简单，如果能够找到“五同”的人员，则其工资比较只需要进行简单的运算即可，即便找不到“五同”人员，也可以运用“拉斯佩尔”指数方法，模拟出“五同”人员的工资，相对而言也比较简单。

但是，“五同技术”也有其明显的劣势。第一，以资历（如学历、工龄）来决定人员的工资可比性，背离了世界各国以能力和职位价值贡献为基础来决定人员工资的趋势和主旋律。实际上近年来日本企业也在纷纷检讨曾经引以为豪的“年功工资制”，不少企业还为此实施工资变革。第二，“五同技术”从外延上实现职位匹配，只是看起来公平，本质上没有公平地体现出职位的实际价值贡献。第三，大多数国家难以像日本一样相对容易地通过职位名称就能找到“同职务”的人员。实际上，日本每年需要花费大量的时间和精力去企业核实职位名称是否与实际工作责任相符，而由于这项工作目前主要靠主观感受和判断，尽管被要求严格执行，但实际效果并不佳。第四，“五同技术”所需要的样本量巨大，调查成本高昂，为了保证“五同技术”的效果，需要尽可能地在公务员和企业中都能够找到每个条件都相同的人员，这就形成了几千甚至上万个条件组合，而每个条件组合又需要一定量的样本，总的样本数量就肯定很大。资料表明，日本为能够找到公务员的“五同”人员，每年至少要调查5.1万家以上企业。

（二）以职位价值作为基准的“职位评价技术”

美国的“职位评价技术”，从职位的知识技能要求、职位责任、工作复杂程度、影响大小、工作环境等若干方面出发，通过对职位的若干要素进行计分，并以分值高低来衡量职位的价值。“职位评价技术”实际上是一种内涵型的职位匹配技术，即通过职位内在的价值来实现职位匹配。其潜在的基本逻辑是，担任同样重要价值职位的人员，无论是在企业还是政府，应该获得同样的工资才是公平的。

美国实行“职位评价技术”来完成公务员和企业职位的匹配也有其国情和文化原因。第一，与日本不同，美国更加看重能力因素以及个人能够给企业创造的价值，而并不十分关注个人的资历本身，认为资历只是满足职位的任职资格条件之一，所以美国关注的是职位价值。第二，美国崇尚自由选择，其人力资源市场基本已经实现充分流动，人员在企业之间、企业与政府之间的流动已经成为常态，而市场化的流动极易满足人员与所担任职位在能力上的适合，职位价值实际也就体现了担任该职位人的价值。第三，美国自泰勒的“科学管理”时代以来，对职位的分析已趋完善，无论政府还是企业，其管理的科学化程度都较高，奠定了对工作进行评价的良好基础。

美国的“职位评价技术”也有其明显的优势。第一，“职位评价技术”建立在对工作本身这一客观事物进行分析评价的基础上，通过对政府和企业的职位分别进行客观的评价，可以不局限于职位的名称、外在层级，而是以职位价值来完成匹配，更加具有说服力。第二，“职位评价技术”以若干要素对职位价值进行评价，且其职位价值以分数的形式展现，以此完成的职位匹配更加准确。第三，“职位评价技术”所需的样本量较少，调查成本较低。由于“职位评价技术”通过建立“职位价值分值与职位任职者工资”之间的回归关系进行比较，使得这个职位匹配不需要像日本那样刻意寻找条件一致的可比对象，这就可以大大减少样本的数量。以美国为例，美国国土面积比日本大得多，企业数量也比日本要多，人口总数也是日本的两倍多，但2007年美国劳工统计局只抽样调查3.6万家企业就完成了公务员工资调查。

当然，美国的“职位评价技术”也有其明显的弱势。第一，不少国家尤其是发展中国家由于管理科学化发展程度不高，缺乏工作分析的基础，很难完成非常精细化的职位评价工作。第二，“职位评价技术”是一项技术含量相对较高的技术，普通人难以掌握。

二、我国公务员职位匹配的限制条件

通过上文的分析我们可以看出，日本和美国采取的两种职位匹配技术都各有优劣，同时又都有其国情和文化基础。我国的国情既不同于日本，又不同于美国，因此，我国在选择公务员职位匹配技术时也应该从我国的国情实际出发，而不能简单地照搬照抄。通过对我国国情的分析，我们可以形成以下两个基本的判断。

（一）中国不宜采用日本“五同技术”

之所以形成这个判断，原因有三：

1. 中国不像日本那样容易实现“同职务”，无法简单地从职位名称判断职位价值

改革开放前，我国只有国有企业，其职位名称与政府职位名称的对应关系非常好，可比性也非常强。但改革开放以后，随着各类企业的自主发展，加之我国企业的管理规范化程度还不高，企业的职位称谓十分复杂。有学者提出在中国以“同职位层级”来代替“同职位”，并将公务员不同层级对应到不同企业规模的不同职位层次，但这种操作方式既缺乏令人信服的理由，又同样解决不了在职位匹配上的“过粗”，往往导致职位匹配的人为因素过大。

2. 在中国实施“五同技术”，长期成本更为巨大

我国无论国土面积、地区发展不均衡程度、人口数量、企业数量都要比日本大得多，因此，如果按照日本的“五同技术”，工资调查所需要选取的样本数也必然更大，而要获得如此大规模样本数的所需成本巨大。日本公务员工资调查的样本数为 5.1 万家企业，以此粗略计算下来，我国需要的样本数至少是日本的 5—8 倍，即 25 万—40 万家企业。以每调查一家企业的成本至少 2000 元计算，每年仅调查费用就需要 5 亿—8 亿元，这还不包括整理、处理、分析数据等其他相关费用。

3. 从方向上看，中国不应该回到重资历的老路

自改革开放以来，尤其是新世纪以来，我国社会价值观已经从过去重资历，转化为重能力、重价值的取向，这种人才观念的转变无疑释放了人才的生产力，为我国的经济和社会发展奠定了良好的基础，也是我国未来需要提倡和鼓励的。而日本自身尚且在反思和改革他们“重资历”、“年功工资制”，我国一定不能再走回这条路。

（二）中国在方向上更应接近美国“职位评价技术”，但也并不完全具备条件

形成这个判断，原因同样有三：

1. 以职位价值来实现职位匹配，符合中国企业和政府当前管理改进的方向

我国自改革开放以来，一直致力于解决实现“人员能进能出，职务能上能下，工资能高能低”，并期望“打破大锅饭，打破铁饭碗”，其目的是为了改革过去以资历为分配依据的薪酬体系，建立以能力、以贡献为分配依据的薪酬体系。从这种意义上来讲，美国以职位价值来实现职位匹配，重点通过考察公务员职位以及企业职位在内涵上的价值可比性，显然更符合中国企业和政府的管理改进方向。另外，大力推动以“职位机制”为基础的职位匹配技术，势必将有力推动我国企业和政府管理科学化的进程，推动经济、社会进一步

发展。

2. 长远而言，采取“职位评价技术”的成本更低

我国在国土面积上与美国接近，尽管人口数量要比美国多，但城镇人口并没有比美国多很多。因此，如果按照美国的“职位评价技术”，工资调查所需要选取的样本数不比美国多太多。2007 年，美国公务员工资调查的样本数为 3.6 万家企业，我国需要的样本数最多是美国的 2 倍，即 7 万家企业。同样以每调查一家企业的成本至少 2000 元计算，每年调查费用需要 1.4 亿元，成本明显更低。

3. 中国当前采用“职位评价技术”还有两个不具备的条件

一方面，中国无论是企业还是政府都普遍缺乏工作分析基础。尽管近 20 年来，中国不少企业在管理咨询公司或人力资源研究机构的帮助下，已经完成了职位体系的规划以及工作分析、职位说明书的撰写，但是还有大量的企业尚未开展这项工作。同时，我国政府在公务员职位的工作分析以及职位说明书的撰写方面也有很多不足。另一方面，我国公务员没有完成职位分类，当前工资体系仍以职务级别为基础，短时间内也不可能改变。通常“职位评价技术”的一个结果就是只要职位价值不同，即便职务级别相同也会得到不同的评价结果，因此，往往他们的工资也不一样。但这显然很难在短期内实现转变。这两点毫无疑问都是采取“职位评价技术”的严重障碍。

因此，从我国国情出发，我国不宜采取日本的“五同技术”，但也不具备使用美国“职位评价技术”的条件。这就要求我国的职位匹配技术必须结合中国国情，进行大胆创新。

三、中国背景下的简易职位匹配技术

基于条件的限制，中国背景下职位匹配技术需要尽可能满足四个方面的要求：一是开发无需工作分析的职位匹配技术。中国无论是企业还是政府都普遍缺乏工作分析基础，而短时间内不可能完成工作分析，必须在没有工作分析的情况下完成公务员和企业职位的职位匹配。二是以职位价值为基础进行职位匹配，而不打破现有的公务员工资秩序。我国公务员没有完成职位分类，当前工资体系仍以职务级别为基础，短时间内也不可能改变，必须在技术上不打破当前公务员工资秩序。三是实现职位匹配技术的简化。我国地域广阔，人口众多，国外任何一种职位匹配方法放在我国的工作量都将是巨大的，必须实现职位匹配技术的简化。四是与现有的调查数据基础相适应。在目前的试调查工作中，公务员数据来自于公务员工资统发数据库，而企业数据来自于劳动力市场价位调查数据库，职位匹配方法应该与现有的公务员和企业调查数据的基础相适应，尽可能不必为了实现匹配而“重起炉灶”。

由于企业劳动力市场价位调查数据库中的职位信息没有诸如知识要求、责任大小、沟通难度等方面信息，只有该职位所在企业的行业、资产规模、人员规模、营业规模、净利润规模的信息以及该职位在本企业的层级信息。因此，要在现行数据的基础上完成公务员和企业相当职位的职位匹配工作，最终只能基于这些外延角度对企业职位价值来开发简易职位匹配技术。

简易职位匹配技术开发的基本思想是：通过一定规模的公务员标杆职位和企业标杆职位，以规范的工作分析和职位评价方法，建立公务员标杆职位和企业标杆职位的匹配关系。通过职务关系建立数据库中全部公务员职位与公务员标杆职位之间的匹配关系，通过企业职位的外在属性得分，建立数据库中全部企业职位与企业标杆职位之间的匹配关系，在此基础上借助公务员标杆职位和企业标杆职位匹配关系的媒介作用，建立起数据库中全部公务员职位与全部企业职位的职位匹配关系（见图1）。

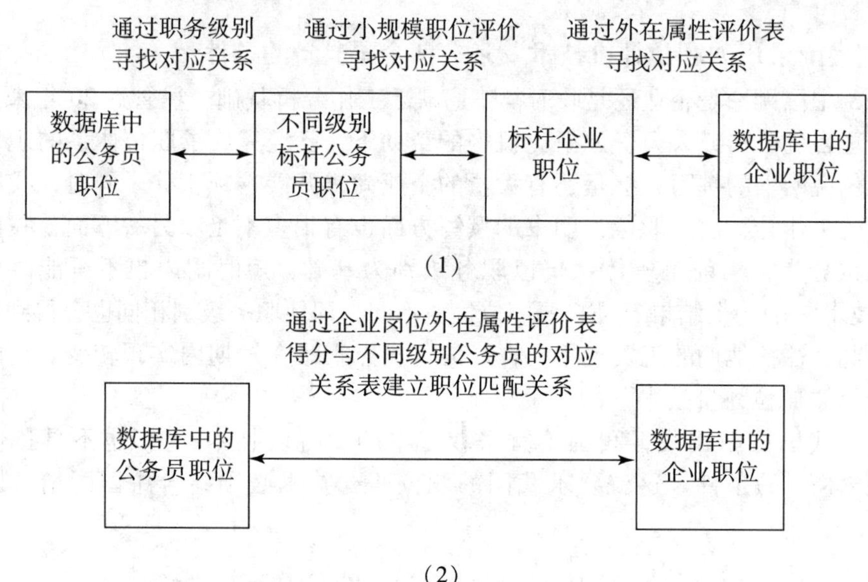

图1 简易职位匹配工具开发的示意图

（一）标杆职位的职位评价

建立公务员标杆职位和企业标杆职位的匹配关系可以借鉴美国的职位评价方法。美国的职位评价工具——职位要素评价系统（FES）——从九个要素对职位进行价值评价。通过职位评价工具，不同职位在每个要素上都可以根据其实际工作特征，寻找对应水平，从而在每个要素上得到相应的点值，将所有要素的点值加总就得到公务员或企业职位的点值（职位价值），点值在同一区间的职位被视为是“同价值职位”。

根据上文的分析，我国缺乏美国“职位评价技术”所需的工作分析基础。这项基础工作是一项漫长的工程，很难在短期内完成。但是如果仅对一定数量的公务员标杆职位和企业标杆职位进行工作分析和职位评价，其工作量还是可以接受的。具体评价时，公务员标杆职位和企业标杆职位的职位评价可以运用美国的职位评价技术。当然，由于我国国情不同，也需要开发一套更加适合中国国情的职位评价工具。而且由于我国地域辽阔，在选择标杆职位时，应该兼顾东中西部地区，还要兼顾中央、省、市、县等不同行政层级的职位。

通过严格的工作分析和职位评价可以得到标杆职位的点值，以“处于同一点值区间即价值相同”的原则，建立起公务员标杆职位（应该从司、副司、处、副处、科、副科；巡视员、副巡视员、调研员、副调研员、主任科员、副主任科员、科员、办事员等职务中分别抽取标杆职位）与企业标杆职位的价值对应关系。

（二）公务员数据库职位与标杆职位之间的对应

公务员工资数据库中的公务员职位与公务员标杆职位之间的对应关系是非常容易得到的，只需要通过公务员的职务层级对应关系即可。

（三）企业数据库职位与标杆职位之间的对应

企业数据库中的职位与企业标杆职位之间的对应关系相对更难建立。上文已经说到企业数据库采取的是我国劳动力市场价位调查数据库。这套数据库中的企业职位没有知识要求、责任大小等职位内在特征，只有职位所在企业的一些外部特征以及该职位在本企业中的层级。因此，需要开发一套企业职位外在属性的评价表（见表1），主要评价指标有企业的行业、资产规模、人员规模、营业规模、净利润规模以及企业职位层级。据此，可以计算不同职位的外在属性价值得分。

表1　企业职位外在属性评价表

属性方面	选　项	赋分
该职位所在企业的行业（10%）	（1）金融行业	10分
	（2）高科技行业	8分
	（3）制造业	6分
	（4）电力、燃气及水的生产和供应业	6分
	（5）建筑业	5分
	（6）交通运输	5分
	（7）仓储和邮政业	4分
	（8）批发和零售业	4分

续表

属性方面	选 项	赋分
该职位所在法人企业的资产规模（10%）	（1）1000 亿元以上	10 分
	（2）100 亿—1000 亿元	9 分
	（3）50 亿—100 亿元	8 分
	（4）10 亿—50 亿元	7 分
	（5）1 亿—10 亿元	6 分
	（6）5000 万—1 亿元	5 分
	（7）1000 万—5000 万元	4 分
	（8）500 万—1000 万元	3 分
	（9）100 万—500 万元	2 分
	（10）100 万元以下	1 分
该职位所在法人企业的人员规模（10%）	（1）1 万人以上	10 分
	（2）5000—10000 人	9 分
	（3）1000—5000 人	8 分
	（4）500—1000 人	7 分
	（5）300—500 人	6 分
	（6）200—300 人	5 分
	（7）100—200 人	4 分
	（8）50—100 人	3 分
	（9）10—50 人	2 分
	（10）10 人以下	1 分

续表

属性方面	选　项	赋分
该职位所在法人企业的营业规模（10%）	（1）1000 亿元以上	10 分
	（2）100 亿—1000 亿元	9 分
	（3）50 亿—100 亿元	8 分
	（4）10 亿—50 亿元	7 分
	（5）1 亿—10 亿元	6 分
	（6）5000 万—1 亿元	5 分
	（7）1000 万—5000 万元	4 分
	（8）500 万—1000 万元	3 分
	（9）100 万—500 万元	2 分
	（10）100 万元以下	1 分
该职位所在法人企业的税后净利润规模（10%）	（1）100 亿元以上	10 分
	（2）50 亿—100 亿元	9 分
	（3）10 亿—50 亿元	8 分
	（4）1 亿—10 亿元	7 分
	（5）5000 万—1 亿元	6 分
	（6）1000 万—5000 万元	5 分
	（7）500 万—1000 万元	4 分
	（8）100 万—500 万元	3 分
	（9）100 万元以下	2 分

续表

属性方面	选　项	赋分
该职位在法人企业中的职位层级（50%）	（1）一级总裁/总经理	50 分
	（2）一级副总裁/副总经理	45 分
	（3）二级总经理/总监/经理	40 分
	（4）二级副总经理/副总监/副经理	35 分
	（5）三级经理	30 分
	（6）三级副经理	25 分
	（7）主管级	20 分
	（8）副主管级	15 分
	（9）普通员工级	10 分

注：赋分的科学性有待更大样本的验证。

通过企业职位外在属性评价表，对企业职位进行评价可以得到职位外在属性评分，据此可以建立数据库中的企业职位与企业标杆职位之间的对应关系。

（四）数据库中公务员职位与企业职位之间的匹配

通过公务员标杆职位和企业标杆职位之间关系的媒介作用，可以得到以外在属性来评价的企业职位与公务员职位之间的匹配关系（见表 2）。

表 2　数据库中公务员职务与企业职位的职位匹配表

数据库中公务员职务	数据库中匹配的企业职位 （外在属性评价得分区间）
正司	91—95 分的企业职位
巡视员	86—90 分的企业职位
副司	81—85 分的企业职位
副巡视员	76—80 分的企业职位
正处	71—75 分的企业职位
调研员	66—70 分的企业职位
副处	61—65 分的企业职位
副调研员	56—60 分的企业职位

续表

数据库中公务员职务	数据库中匹配的企业职位（外在属性评价得分区间）
正科	51—55 分的企业职位
主任科员	46—50 分的企业职位
副科	41—45 分的企业职位
副主任科员	31—40 分的企业职位
科员	21—30 分的企业职位
办事员	11—20 分的企业职位

通过对数据库中所有企业职位依据“企业职位外在属性评价表”算出所有企业职位的外在属性得分，然后，通过这张“数据库公务员职务与企业职位的职位匹配表”，就可以将数据库中的所有企业职位与公务员职位进行相对科学和合理的职位匹配，进而就可以对职位的工资数据进行比较。

四、简易职位匹配技术的完善

上文所列的所有工具和职位匹配结果只能充当一个示意过程，严格来讲并不能应用于政策制定中。为了能够得到信度和效度更高的职位匹配方案，下一步应该深入研究工资调查中的职位匹配技术，具体建议如下：

（一）逐步扩大样本，提高职位匹配工具的科学性

在小规模详细研究阶段，选择至少 10 家有代表性的政府单位以及至少 50 家有代表性的企业作为研究样本。在中等验证阶段，选择至少 50 家有代表性的政府单位以及至少 300 家有代表性的企业作为研究样本。在大规模验证阶段，建议将样本扩展到全国东、中、西各地，选择至少 500 家有代表性的政府单位以及至少 3000 家有代表性的企业作为研究样本。

（二）深化工作分析和严格意义的职位评价工具研究

“简易职位匹配技术”的基本思路是基于小样本的工作分析和职位评价，从而获得与此可以相互替代的简易式工具。简易技术的科学性需要科学的工作分析和职位评价工具来保障，因此，必须深化职位评价工具的研究。

（三）通过样本研究逐步完善简易职位匹配表中的指标设置和具体分值设置

通过反复测算和实验，逐步优化简易职位匹配表中的指标设置和具体分值设置，才能逐步提高该工具的科学性、准确性和可信度。

如果这项简易技术得到了科学的开发和验证，我们有理由相信，这将为我国公务员与企业相当人员工资水平调查比较制度奠定良好的技术基础。由于不需要改变目前的企业工资调查方式和数据结构，也不需要进行大规模的工作分析和职位评价工作，“简易职位匹配技术”能为我国公务员与企业相当人员工资水平调查比较工作节省大量的人力和财力。

参考文献

[1] Blaise Melly, “Public-private Sector Wage Differentials in Germany: Evidence from Quantile regression”, *Empirical Economics*, 2005 (30), pp. 505-520.

[2] Brent R. Moulton, “A Reexamination of the Federal-Private Wage Differential in the United States”, *Journal of Labor Economics*, 1990, Vol. 8, No. 2, Apr., pp. 270-293.

[3] Dale Belman and John S. Heywood, “State and Local Government Wage Differentials: An Intrastate Analysis”, *Journal of Labor Research*, 1995, Vol. 16, pp. 187-201.

[4] Edward F. Buffie, “Public Sector Wage Cycles and the Co-movement of the Fiscal Deficit and Inflation in Less-developed Countries”, *Journal of Money, Credit & Banking*, 1999, Vol. 31 Issue 4, pp. 785-810.

[5] Edward Sussna, “Wage Determination in Local Public Utilities”, *Southern Economic Journal*, 1957, Vol. 24, No. 2, pp. 190-199.

[6] Fiona M. Wilson, “Equal Pay and the Public Sector”, *Public Money & Management*, 2003, Vol. 23, Issue 4, pp. 216-218.

[7] 柏良泽：《日本公务员的工资调整及其程序》，《中国公务员》1994 年第 4 期。

[8] 董克用、王丹：《建立中国公务员工资水平调查比较机制的理论基础》，《中国人才》2008 年第 8 期。

[9] 丁进：《公务员工资水平调查战略对策研究》，《中国行政管理》2009 年第 5 期。

[10] 郭海泉：《西方国家公务员工资制度：原则、依据与增资机制》，《兰州学刊》1997 年第 5 期。

[11] 刘碧强：《美国公务员薪酬制度及其启示》，《南方论刊》2010 年第 11 期。

[12] 刘毅：《美国联邦政府公务员工资制度研究及启示》，《中国人力资源开发》2005 年第 11 期。

[13] 吕学静：《日本公务员增资机制管窥》，《中国公务员》1995 年第 4 期。

[14] 王丹：《科学合理确定我国公务员工资水平的路径探讨》，《中国行政管理》2013 年第 2 期。

[15] 王世彤、李楠：《公务员薪酬水平的市场比对方法研究》，《社会科学家》2009 年第 3 期。

[16] 张来春、姚勤华：《国外公务员工资制度一瞥》，《社会科学报》2006 年 11 月 2 日。

Exploring Job Matching Technique in Comparison of Civil Servants' Wage with Similar Enterprise Position in the Context of China

Xiong Tongcheng

Abstract: To realize the matching of the civil servants position and the company position is a key technique in the construction of the civil servants wage survey system in China. This article first introduces the background and advantages & disadvantages of Japan "Five Sameness" technique and America "Job Evaluation" technique. Then this article proposes that it is argued that China should accept the American "Job evaluation" technique instead of using Japan "Five Sameness" . However, since China lacks the basis of job evaluation study and it is premature to realize different wage levels for civil servants positions on the same rank in the short term, our country cannot meet all the conditions of the America "Job evaluation" technique. In order to solve this problem, this paper raises three new methods to realize the job matching of civil servants' wage with salary of similar enterprise position in China with the help of job evaluation and gives the specific ways to use job matching technique.

Key words: civil servants, wage survey, job matching technique

（编辑：吴　帅）

建立事业单位职业年金制度的关键环节及对策建议

——基于各国经验的比较研究*

翟　磊　高连欢**

［摘要］　我国自2008年决定在五省市试点开展事业单位养老保险改革以来，五年间进展缓慢，收效甚微。究其原因，主要是改革使事业单位职工的退休金面临“腰斩”的危机。因此，如何通过职业年金制度建立起我国事业单位养老金的“第二支柱”，已成为决定我国事业单位养老保险改革能否顺利推进的关键。本文将对事业单位职业年金制度的五个关键环节，即缴费、投资管理、给付、税收及监管进行分析，结合国际经验的比较研究，最终提出建立事业单位职业年金制度的对策建议。

［关键词］　职业年金制度　事业单位　五个关键环节　国际经验

自从2008年2月国务院决定在山西、上海、浙江、广东、重庆五省市试点开展事业单位养老保险改革以来，事业单位的养老改革问题始终备受关注。但从试点的实施情况来看，我国事业单位养老保险改革正面临一个两难的局面：一方面，事业单位养老改革势在必行；另一方面，改革又面临着巨大的阻力。

改革势在必行的原因主要有两个方面：其一，企业与机关事业单位养老金“双轨制”导致同等职务、同等技能、同等贡献的人因退休时的单位性质不同，退休金待遇相差超过一倍。①由此所带来的社会问题日益突出，亟须通过事业单位改革破除“双轨制”和“碎片

---

*　本文系作者主持的国家社科基金项目（批准号：11CGL073）和南开大学2010年度人文社会科学校内文科青年项目（批准号：NKQ1015）的阶段性成果。

**　作者翟磊系南开大学周恩来政府管理学院讲师，博士；高连欢系南开大学周恩来政府管理学院博士研究生，天津市人力资源和社会保障局职工养老保险处处长。

①　根据2006年人事部、财政部印发的通知，公务员和事业单位退休人员的退休费，工作年限满35年的按90%计发；工作年限满30年不满35年的，按85%计发；工作年限满20年不满30年的，按80%计发。与此同时，城镇职工的养老金替代率（即养老金占其退休前工资的比例）一路下滑，根据《中国劳动统计年鉴》和国家审计署的报告资料显示，我国城镇职工的养老金替代率从1999年的69.12%下降到了2011年的42.9%。

化”的局面。[①] 其二，事业单位养老金将成为财政的巨大负担。[②] 据预测，到2030年，机关事业单位退休人数将占在职人员的40%，退休费占人员经费支出总额的50%。这意味着未来的各级财政每年将拿出财政收入的80%左右用于支付在岗和退休人员的工资及养老金。[③]

改革受阻的原因主要是触动了事业单位职工退休后的根本利益，使事业单位职工的退休金面临危机。与英国、美国等发达国家的“三支柱型”养老金构成相比，我国的事业单位养老金属于长期依赖财政的“单一支柱”类型，缺乏职业年金作为“第二支柱”和商业保险作为“第三支柱”的制度设计。虽然在国务院的试点方案中明确提出了通过建立职业年金制度解决事业单位养老金改革前后待遇差别问题，但从实施情况来看，职业年金发展缓慢已成为制约我国事业单位养老保险改革的“瓶颈”之一。因此如何建立并推行职业年金制度，以事业单位职工退休金不受损的方式推进事业单位养老保险改革已成为亟待解决的问题。

一、职业年金制度设计的五个关键环节

从职业年金运行的流程看，职业年金制度设计主要应从五个关键环节入手（见图1）。这些关键环节是职业年金制度运行的基础，也是我国能否合理有效建立起事业单位职业年金制度的关键。

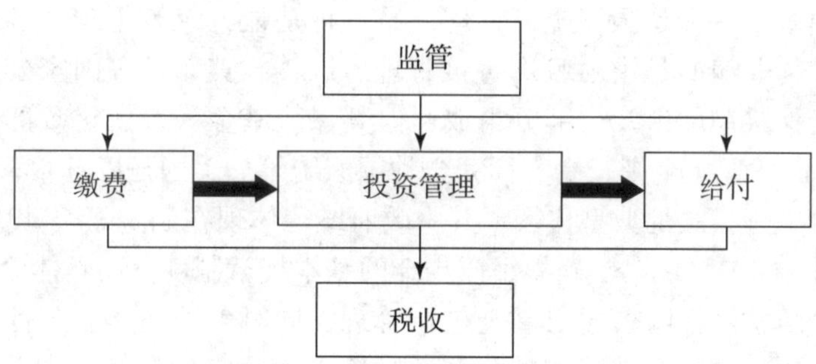

图1 职业年金制度设计的关键环节

（一）缴费：财政负担还是共同负担

从各国公职人员职业年金的缴费构成来看，有单一主体、双方主体以及三方主体缴费三种方式。其中采用单一主体缴费方式的，由于公职人员所从事工作的公益属性突出，因

① 中国人事科学研究院课题组：《我国事业单位养老保险改革研究》，《第一资源》（第16辑），党建读物出版社2011年版。

② 李雅琳、毕睿琦、徐卫琼：《关于事业单位养老保险制度改革的探讨》，《法治与社会》2011年第1期。

③ 王澜明：《改革开放以来我国事业单位改革的历史回顾》，《中国行政管理》2010年第6期；《全国事业单位改革拿出时间表》，《重庆晚报》2011年4月10日。

此缴费主体多为政府财政。这种方式看似减轻了公职人员的缴费负担，但实际上是公职人员通过降低对当前收益的要求换来的。① 使用该模式的国家有西班牙、澳大利亚等。双方主体缴费的方式则主要是由国家财政和职员共同缴费。采用这种方式的国家规定的缴费比例不同，有的国家雇主和雇员各缴一半，而多数则规定雇主缴纳比例高于雇员，例如丹麦、英国等规定雇主缴纳 2/3、雇员缴纳 1/3。② 三方主体共同缴费的方式则是由政府财政、单位以及个人根据比例共同承担缴费义务。以上三种方式的合理选择构成了职业年金制度的第一个关键环节。

在缴费环节还应考虑是强制还是自愿的问题。实行强制性缴费的国家往往通过立法的方式，强制实施职业年金制度。以英国为例，从 1959 年的《新国民保险法》开始，英国就要求用人单位必须建立补充养老金计划。1975 年的《社会保障年金法》强化了对职业年金制度的国家干预，要求用人单位强制执行。丹麦、法国、瑞士等国实施的也都是强制性职业年金计划。从保障程度和职业年金的覆盖率角度分析，强制性缴费的制度通过法理权威保障了公职人员退休后的待遇水平。另一种方式为自愿参加，美国采用的主要是这种方式。此外，美国也允许各单位可以根据需要选择不同的职业年金计划。

（二）投资管理：统筹还是分立

对于养老基金的管理大体可以分为两类，即统筹管理和分立管理。其中统筹管理又可以分为两种不同模式，一种是国家统筹管理，另一种是地方统筹管理。各国公职人员的基本养老保险基金较为普遍的是由财政部直接管理。以美、英、日等国家公职人员养老保险为例，虽然其养老保险制度由几个部分组成，但其保险基金一般由财政部或财政部委托的机构进行管理。③ 而职业年金则较少实行完全的国家统筹。美国是以分立管理为主，政府统筹管理为辅的混合管理模式的典型代表。其中政府统筹体现在制定了与 401（k）齐名的公职人员职业年金计划 403（b），④ 确立了该年金的基本规章制度。而具体管理则采用分立模式，由授权的金融机构和保险公司对基金进行管理。同时美国还建立了针对不同类别公职人员的职业年金计划，例如全美最大的公共雇员养老基金、世界第三大养老基金——美国加州公共雇员养老基金、纽约州教师职业年金计划和纽约市教师职业年金计划、加州教师职业年金计划和加州大学教师职业年金计划等。

在投资管理领域，事业单位职业年金需要讨论的另一个问题是如何确保投资安全性。⑤ 这一问题的核心在于投资的领域与方向，焦点集中在对股票等高风险投资的限制上。以美

---

① 丁宁宁：《澳大利亚的职业年金》，《中国改革》2001 年第 9 期。

② 陈淑君：《事业单位职业年金政策模式与缴费模式的思考》，《商场现代化》2010 年第 9 期。

③ 李雅琳、毕睿琦、徐卫琼：《关于事业单位养老保险制度改革的探讨》，《法治与社会》2011 年第 1 期。

④ 401（k）与 403（b）分别指的是美国 1978 年《国内税收法》新增的第 401 条 k 条款以及 403 条 b 条款的规定。

⑤ 孙波：《事业单位职业年金运行发展的研究——以广东省事业单位为例》，《科技管理研究》2010 年第 9 期。

国加利福尼亚州职业年金计划为例，2013 年 3 月，其总资产 2574 亿美元中的 64%投资于全球股票市场，10%投资于全球固定收益资产，4%用于流动资产投资，4%投资于通货膨胀相关资产。[①] 英国职业年金的资产管理采用的是“谨慎人原则”，对于职业年金投资股票市场没有限制[②]。而巴西、日本等国则对股票投资的比例作了规定，以确保其资金的安全性。

（三）给付：DB 型还是 DC 型

职业年金按计发办法可以分为待遇确定和缴费确定两种基本模式，即待遇确定型（DB 型）和缴费确定型（DC 型）两种模式。DB 模式本质是一种商业养老年金，因此需要建立独立的法人企业来承担制度运行风险。其缺陷是制度运行不够透明、无法抵御通货膨胀风险也不能分享较高投资收益、中途退出或终止合同对参加者不利、不利于更换基金管理人等，优势是管理简单、运营成本低、有利于小型公司或个人参加。而 DC 模式本质是一种委托理财，因此需要有健全的基金投资和监管机制。其制度缺陷是由参加者个人承担制度运行风险且制度运行成本较高，优势是制度运行非常透明，参加者可以随时查阅自己的基金账户积累额，可以灵活选择基金管理和投资基金等。美国的非营利机构和政府机构均已建立或转向 DC 型计划，如公共雇员养老基金、美国加州公共雇员养老基金都是典型的 DC 型职业年金计划。而加拿大则较多地采用 DB 型年金计划，例如安大略教师养老金计划（OTPP）。

（四）税收：EET 还是 ETT

职业年金在运行的三个环节（缴费、投资管理、给付）均涉及税收的问题。绝大多数国家和地区为了鼓励本国年金制度的发展，对单位和个人给予一定程度的税收优惠，如对年金的缴费实行税前列支，对雇员的缴费免交个人所得税，以及对缴费形成的基金、利息和投资收入可免税或延迟纳税等。[③] 目前国际上普遍采用的税收优惠模式是 EET（缴费和投资阶段免税、取现时缴税；E 代表 Exempt，即免税；T 代表 Tax，即征税）。以英国为例，职业年金缴费额可在税前列支，缴费允许税前扣除，待遇确定型扣除比例为 15%，缴费确定型根据年龄的不同，扣除比例为 17.5%—40%；而美国、中国香港特别行政区等则规定缴费额不超过工资的 15%的部分可从税前列支。实行 EET 模式的国家和地区对年金投资收益采取免税政策，因此参加职业年金的公职人员只需在最终领取时按照实际领取金额缴纳税款。这种税收模式既可以避免重复纳税，又能保护职业年金的安全性。我国目前的企业年金采用的是 ETT 模式，且缴费环节的免税为有条件的免税。根据《关于补充养老保险费补充医疗保险费有关企业所得税政策问题的通知》规定，补充养老保险在不超过职工工资

---

① 数据来源：美国加利福尼亚州职业年金网站，http://www.calpers.ca.gov/index.jsp? bc=/investments/assets/assetallocation.xml。

② 郑秉文、孙守纪：《英国职业养老金监管体制的发展历程》，《欧洲研究》2008 年 2 月。

③ 樊蕾：《关于我国职业年金制度建设的思考》，《知识经济》2010 年 5 月。

总额 5%标准内的部分，在计算应纳税所得额时准予扣除，超过的部分不予扣除。对于年金的投资和领取环节我国目前尚未出台任何税收优惠政策。

（五）监管：专业化还是一体化

职业年金的监管问题包括两个方面，一是监管机构，二是立法，其中以机构建设的问题更为突出。年金监管机构大体可以分为两类，即专业化监管机构和一体化监管机构。其中专业化监管机构就是对年金和个人储蓄养老金计划设立特定的监管部门，专门从事养老金监管。例如英国“职业退休金监管局”（OPRA），该机构通过公开披露、罚款、取消资格和撤销计划等措施规范企业年金计划的受托人及投资管理人、精算师、审计师和律师等相关主体的行为，保护职工的利益，监督《年金法》的执行和负责有关的咨询、教育和培训工作。而一体化的监管机构是由一个机构同时负责保险资金和养老基金的监管，该机构一般隶属于财政部、劳动部或者某个部门，与其他金融监管工作相分离。以新西兰为例，其所成立的“保险与退休精算局”（ISU）负责对保险及年金的监管工作。在一体化监管机构中还有一类一体化程度极高的，即整个国家由一个机构负责监管所有金融部门（包括银行、证券公司、保险公司和养老金）的监管，例如德国的“金融监管局”（BAF）。

职业年金的立法问题是世界各国普遍关注的领域，几乎各国的社会保障制度都坚持了立法先行的原则。在有保险立法的 167 个国家和地区中，有 68 个国家和地区单独颁布公职人员养老保险立法，占总数的 41%，经济合作与发展组织（OECD）国家有 11 个国家单独对公职人员颁布立法，占总数的 38%①。

二、职业年金制度的国际比较

各个国家在职业年金设立方面均在上述五个关键环节作出了各自的设计安排，其中的一些经验和做法可以对我国建立事业单位职业年金制度的实践起到一定的借鉴作用。

（一）各国职业年金制度的比较

由于各个国家的社会保障体系不同，职业年金的发展历史不同，使得各国在职业年金制度设计上有着各自不同的特点。根据本文所提出的五个关键环节，可以从职业年金制度的给付类型、缴费比例、领取年龄、税收、投资管理主体以及投资方向等方面对各国的职业年金制度进行比较分析（见表 1）。

---

① 数据来源：王延中、龙玉其：《机关事业单位养老保险制度改革：国际经验与启示》，《中国社会保障 30 人论坛 · 2010 年社会保障重大事件研讨会》，2010 年 2 月。

表1　各国职业年金制度的比较①

<table>
<tr><th></th><th>给付类型</th><th>缴费比例</th><th>领取年龄</th><th>税收</th><th>投资管理主体</th><th>投资方向</th></tr>
<tr><td rowspan="3">美国</td><td>待遇确定型（DB）</td><td>雇主全额负担</td><td>59.5</td><td>雇主缴纳在雇员工资15%以内的可以税前扣除；年金投资收益免税；领取养老金时征税（EET）</td><td>委托或成立一个管理机构</td><td>受托人编制目录，计划成员自行选择</td></tr>
<tr><td>401（k）（DC）</td><td>营利机构+个人</td><td></td><td></td><td>由公司自己操作</td><td>可以在公司提供的任何账户上进行投资，大多投资在共同基金上</td></tr>
<tr><td>403（b）（DC）</td><td>非营利机构+个人政府制定限额</td><td></td><td></td><td>外置银行或金融机构</td><td>只可以进行年金或共同基金的投资，大多数403（b）计划的钱投向年金</td></tr>
<tr><td rowspan="3">英国</td><td>待遇确定型（DB）</td><td>／</td><td rowspan="3">60</td><td rowspan="3">缴费允许税前扣除，待遇确定型扣除比例为15%，缴费确定型根据年龄的不同，扣除比例为17.5%—40%；投资收益免税；领取年金时征税（EET）</td><td rowspan="3">信托公司</td><td rowspan="3">“谨慎人原则”，对股票投资不设上限</td></tr>
<tr><td>缴费确定型（DC）</td><td>个人按工资比例缴费</td></tr>
<tr><td>混合计划</td><td>按职位确定标准</td></tr>
<tr><td rowspan="2">日本</td><td>厚生年金保险法（DB）</td><td>雇主+个人各缴50%</td><td>70</td><td rowspan="2">缴费允许税前列支；投资执行特殊的公司税收；分年支付不收税，集中支付收20%所得税（ETE）</td><td>信托银行、人寿保险公司或投资咨询公司</td><td>本国债券>境外债券；境外股票<境内股票的2/3；境外股票<境外债券</td></tr>
<tr><td>401（k）（DC）</td><td>雇主+个人</td><td>60—70</td><td>受托人</td><td>／</td></tr>
</table>

① 资料来源：祁新娥、黄英：《以邻为鉴——日本年金制度改革对我国的启示》，《世界经济情况》2004年第7期；戴卫东、陶纪坤：《OECD国家职业年金运行模式及其启示》，《河南社会科学》2011年第5期；Yves Stevens，Gerhard Gieselink，Bea Van Buggenhout，“Towards a New Role for Occupational Pensions in Continental Europe：Elements and Techniques of Solidarity Used within Funded Occupational Pension Schemes”，*European Journal of Social Security*，2002（1），pp. 25-53。

续表

	给付类型	缴费比例	领取年龄	税收	投资管理主体	投资方向
巴西	开放式（DB）	雇主+个人	65	缴费可税前列支；投资收益免税；领取时交税，10年后提取收 10%的个调税，2 年后提取收 35%的个调税（EET）	保险公司和银行	联邦政府债券≤100%；固定收益的低信用风险证券≤80%；固定收益的高信用风险证券≤20%；地方政府债券≤20%；投资于发行公司≤20%；房地产≤14%；外国投资基金≤15%
	封闭式（DC）	大企业 雇主+个人			自我管理或委托资产管理人（通常是银行）管理	投资股票占 19.2%，投资基金占 47.5%，企业债券 12.8%，房地产投资 3.7%

（二）各国职业年金制度对我国事业单位建立职业年金制度的启示

从各国职业年金的运行情况可以看出其制度的三个共性特征：第一，缴费方式大部分选择雇主+个人的方式，从而形成相互制约的关系，并体现年金缴费的公平性。第二，以税收优惠政策保障年金运行，这些政策一方面可以避免重复纳税，提高职业年金的收益性和安全性，另一方面可以通过延税的方式来刺激雇主和个人缴纳职业年金。第三，以制度保证资金安全，各国均对职业年金的投资管理主体以及投资比例进行了规定，从而保证职业年金的资金安全性。

从各国职业年金的给付类型来看，大多为 DB 型与 DC 型共存，但最近 30 年来，美国雇主养老金计划发展的大趋势是：从传统的 DB 型计划向 DC 型计划转变。1980 年至今，无论资产规模、养老金支付，还是参与者比例、缴费规模等方面，企业雇主 DC 型养老计划均超过企业 DB 型计划①，其原因主要在于 DC 型养老金的可携带性便于职业流动、税收优惠使得开办费用低和管理成本小、参与者具有极大的投资灵活性。

就营利与非营利组织职业年金制度设计来看，非营利组织的职业年金对于雇员的权益保障以及保证账户资金安全等方面均优于营利组织的职业年金计划。以美国为例，从雇员权益保障来看，针对非营利组织的 403(b) 计划规定在雇员入职时立即享受年金待遇，从而为非营利组织的雇员提供了更为及时的养老保障，增加了队伍的稳定性；而针对营利组织的 401(k) 计划则可以规定雇员在工作几年后享受年金待遇。从账户资金安全性来看，403(b) 规定只能进行年金或共同基金的投资，减少投资风险，大多数 403(b) 计划的钱投向年金，且投资由银行等金融机构统一操作，例如传统售卖年金的保险公司，以其专业知

① 田向阳、张磊：《美国养老金体系与资本市场》，人民网，2012 年 2 月 15 日。

识和从业经验保证账户资金的安全性，在许多403(b)计划中，雇员无法自由选择，因为雇主已经作出决定；而401(k)则可以在公司提供的任何账户上进行投资，401(k)计划大多投资在共同基金上。从监管条件来看，401(k)的监管条件十分苛刻，受1974年《雇员退休金保障条例》(ERISA)的约束；而403(b)则不受这些严格的约束条件制约。

三、我国建立事业单位职业年金制度的对策建议

通过上文对世界各国相关经验的比较借鉴，本文建议我国在事业单位年金制度设计的五个关键环节上可采取配套协同的方式，通过合理的制度安排确保职业年金制度的顺利实施。

（一）缴费：区分事业单位类别采用双方或三方缴费方式

我国事业单位职业年金的缴费总体上宜采用强制性缴费方式，从而保证事业单位职工的退休金收益，但缴费主体构成应当根据事业单位的类别加以区分。根据本轮事业单位改革所确定的思路，事业单位将细分为两类，即公益一类和公益二类。由于两种类型的事业单位其资金来源有所不同，因此在年金缴费过程中应区别对待。其中公益二类，即部分财政拨款的事业单位，在职业年金缴费中应采取三方共同缴费的方式，即由财政、事业单位与个人各负担一部分。个人缴费部分、单位缴费部分均可采用弹性原则。例如个人缴费2%—4%，单位缴费4%—8%，事业单位可以依据职工的在岗贡献，有差别地缴费，从而发挥职业年金的激励作用。而财政缴费则采用固定比例法，例如配套拨付单位总工资额的2%，从而既体现财政对职业年金的支持，又避免改革给财政带来的压力。依照上述规定，职业年金的缴费比例最高为14%，对于缴费意愿高于该比例的个人，可以通过商业保险，即“第三支柱”的方式满足其需求。

而完全依靠财政投资的事业单位，即公益一类，由于单位自身不具有筹资能力，因此在职业年金缴费过程中可以简化处理，即由财政和个人双方缴费。与公益二类单位相比，其个人缴费部分的比例应当相同，而单位缴费部分则由单位根据个人的绩效进行测评，统一编制预算，并由财政直接划转。

（二）投资管理：由省级统筹逐步向多元化过渡

事业单位职业年金在投资管理的过程中，应遵循三个主要原则，即确保安全性、提高收益性以及运行高效性。① 由于事业单位职业年金的投资管理水平直接决定着这一制度能否顺利推广与实施，因此有必要在改革初期采用更为安全稳妥的方式进行投资管理。结合我国的国情，采用全国统筹管理的方式可行性不高，其原因一是地区差异大导致很难开展全国统筹管理，二是全国统筹将导致职业年金对地方发展的贡献不足。但如果实施分立的多元化管理模式则会造成改革过程中的监管困难，无法把握改革的进展状况。因此建议在职业年金建立的过程中，首先应采用省级统筹的方式，即建立省级的事业单位职业年金联合

① 郑秉文：《建立社保基金投资管理体系的战略思考》，《公共管理学报》2004年第4期。

理事会，负责本省内职业年金的投资管理。职业年金联合理事会应建立和完善内部稽核监控制度、风险控制制度以及选择、监督、评估、更换账户管理人、托管人、投资管理人以及其他中介机构的制度和流程，切实履行好受托管理职责。待改革的效果相对稳定后，再逐步放宽投资管理主体的要求，允许有条件的行业或单位独立建立职业年金理事会，最终实现职业年金投资管理主体的多元化。

职业年金基金应由联合理事会或联合理事会委托的具有资格的商业银行或专业托管机构作为委托人，按照国家规定投资运营，其运营收益并入职业年金基金。在投资对象选择上，为保证资金的安全性，应当对股票等高风险投资的比例加以限制，同时优先保证职业年金投资于本地区发展的重点项目上，这样一方面增加了地区性重大项目的资金来源渠道，另一方面可以使职业年金获得相对较高的固定收益。我国目前对于职业年金的投资比例尚未作明确规定，可参照 2011 年实施的《企业年金基金管理办法》。该办法提高了固定收益类投资比例，由原来不高于 50%修改为不高于 95%；降低了流动性投资比例，由原来不低于 20%修改为不低于 5%；并规定股票投资的比例不高于 30%。

（三）给付：DC 型为主并安排过渡性养老金

在养老保险改革的过程中，事业单位职工养老保险和职业年金应形成互补关系。因此事业单位职工养老保险建议采用 DB 型，即待遇确定型的方式，作为基础性的养老保障。而职业年金则建议采用 DC 型，即缴费确定型，从而使职业年金在操作中具备一定的弹性，职工可以根据个人的意愿、单位可以根据职工的业绩在规定的范围内分别确定缴费比例，并在退休时根据缴费情况领取退休金。职业年金应采用个人账户的完全积累模式，支取的总体原则为“多缴多得”。

改革必然带来新老制度的交替问题，因此应当做好过渡方案的安排，即制定合理的“老人”、“中人”过渡方案。对于“老人”，要使其在依据现行退休制度享受待遇的同时，建立起与事业单位社会养老保险待遇水平调整的联动机制。“中人”的过渡方案比较复杂，如果由政府一次性缴纳其入职到建立职业年金制度时的年金总额，则会对财政带来短期的巨大压力；如果采取分年度逐步补足的方式，则会造成很多新的问题，例如在完全补足前，如何确定“中人”的退休金等。综合考虑，可以设定 5—10 年的过渡期，在此期间对于“中人”可以根据工龄、职级、专业技术职务、特殊贡献奖励为依据折算为指数作为确定年金待遇的依据。① 过渡期内，政府应当逐步补足制度建立前的欠缴部分，新旧制度过渡的转制成本由国家财政负担，② 并可以考虑通过发行债券等方式弥补财政资金的不足。

（四）税收：探索建立 EET 型税收优惠政策

从各国职业年金发展的经验来看，税收优惠政策是提高年金缴费积极性，避免重复纳税和保障年金缴费人权益的重要手段。目前我国对于职业年金的税收优惠尚未作出明确的

---

① 杨攀：《建立事业单位工作人员职业年金制度的 12 条建议》，《重庆社会科学》2012 年第 6 期。

② 赵晓军等：《事业单位职业年金制度设计初探》，《劳动保障世界》2010 年第 6 期。

规定，但总体可以参照企业年金的税收政策进行分析。目前税收优惠政策已成为制约我国职业年金发展的关键性问题。根据规定，“自2008年1月1日起，企业根据国家有关政策规定，为在本企业任职或者受雇的全体员工支付的补充养老保险费、补充医疗保险费，分别在不超过职工工资总额5%标准内的部分，在计算应纳税所得额时准予扣除；超过的部分，不予扣除”。[①] 但个人缴费的部分不享受税收优惠，并且个人当月工资薪金所得低于个人所得税费用扣除标准，但加上计入个人年金账户的企业缴费后超过个人所得税费用扣除标准的，其超过部分按照规定缴纳个人所得税。[②] 也就是说，在缴费环节的税收优惠效果不显著，而投资运营和领取阶段也都没有相应的税收优惠制度，这将导致年金的重复纳税，从而降低年金的收益水平并挫伤年金缴费的积极性。

因此，建议在建立事业单位职业年金制度的过程中，对税收政策加强规划与设计，结合国际经验，探索建立EET型税收优惠政策。其中，缴费部分应允许在税前列支，从而刺激职工参加职业年金计划的积极性；投资收益应当免税，从而确保年金的收益性；在年金领取阶段，应根据个人所得税法的相关规定缴纳个人所得税。

（五）监管：成立垂直管理的专业化监管机构

对事业单位职业年金的监管首先应当完善立法，使监管工作建立在“有法可依”的前提下。在完善立法的同时，要同步建立职业年金的监管机构。目前我国职业年金的监管模式是：以人力资源和社会保障部为主导，由证监会、银监会、保监会等多家监管机构相互配合的协同监管模式。这种跨产品、跨行业、跨部门的监管模式，是对我国传统分业监管模式的突破。但这种监管模式也带来了政策决策链条过长、对市场参与主体的监管力度不够、市场行为不规范等问题。在事业单位职业年金制度建立后，我国各种类型年金的总量将迅速增加，监管机构的完备与否将直接决定职业年金能否良性发展。以中国香港特别行政区为例，成立了专门的“强制性公积金计划管理局”，以有效对强制性公积金进行统筹管理；香港强制性公积金自建立以来发展迅速、市场规范，实践证明该模式是很成功的监管模式。因此，可以考虑建立与保监会、银监会并列的垂直管理型“年金监管委员会”，负责对职业年金的统一监管工作。

四、结　论

通过上述分析可以看出，事业单位养老保险改革的关键在于通过建立养老金的“第二支柱”保证事业单位职工退休后的待遇不下降。从国外的职业年金制度安排和运作流程可以归纳出职业年金制度设计的五个关键环节，即缴费、投资管理、给付、税收和监管，这些环节也是我国事业单位职业年金制度设计的关键。

---

① 参见《财政部、国家税务总局关于补充养老保险费补充医疗保险费有关企业所得税政策问题的通知》，财税〔2009〕27号。

② 《国家税务总局关于企业年金个人所得税征收管理有关问题的通知》，国税函〔2009〕694号；《国家税务总局关于企业年金个人所得税有关问题补充规定的公告》，国家税务总局公告2011年第9号。

基于对美国403（b）计划，以及其他国家企业年金计划的比较分析，可以得出年金制度的一些共性特征，具体包括：年金的缴费由单位和个人共同负担；通过对投资范围和投资比例的限制保证年金的安全性；年金给付多采用DC模式，即缴费确定型；给予年金税收优惠政策，并以EET模式为主；通过立法及监管机构对年金的运行进行监管等。

基于各个国家和地区经验的比较研究，结合我国的实际情况，可以对我国事业单位职业年金制度提出如下对策建议：第一，区分事业单位类别采用双方或三方缴费方式；第二，投资管理由省级统筹逐步向多元化过渡；第三，给付以DC型为主并安排过渡性养老金；第四，探索建立EET型税收优惠政策；第五，成立垂直管理的专业化监管机构。通过上述关键环节的合理安排，可以形成相对完备的事业单位职业年金制度，而职业年金制度又将作为事业单位职工退休养老金的“第二支柱”，为我国顺利推进事业单位养老保险改革保驾护航。

Suggestions for Constructuring Occupational Pension System in Public Institutions—Based on International Comparisons

Zhai Lei, Gao Lianhuan

Abstract: The Chinese Central Government decided to promote the endowment insurance reform in public institutions first in five provinces in 2008. However, within the five years, the reform has been in slow progress, because it will reduce by half the pension of the employees who work in public institutions. Thus, it is of great significance to establish occupational pension system which can serve as a second support for the pension. This paper points out that there are five key stages in the construction of the occupational pension system, namely the money collection, investment management, payment, taxiation and supervision. Based on the analysis of these five stages and on international comparisons of different countries, this paper put forward some suggestions in this area.

Key words: occupational pension system, public institutions, five stages, international comparisons

（编辑：吴　帅）

典型发达国家公务员工资结构及其借鉴

王　梅　王海东　鲍传健　刘艳良　熊　缨*

［摘要］　本文选取美国、日本、德国、加拿大、澳大利亚、英国六个典型发达国家为代表，通过对各国公务员法、工资法案、政策文件、政府定期报告以及相关研究文献的回顾总结，比较分析了六国公务员工资结构和工资管理体制的基本情况和典型特点，借鉴国外行之有效的做法，提出对我国公务员工资制度改革的启示。

［关键词］　发达国家　公务员　工资结构

工资结构是公务员工资制度设计中非常重要的问题。公务员工资结构的合理设置，不仅可以提高公务员工作的效率、热情和积极性，而且能够提升公共管理的效率和公共服务的质量。分析研究发达国家公务员工资的构成、功能、发放原则、不同地区和层级之间的工资差距，对我国公务员工资结构的改革具有重要借鉴意义。

一、典型发达国家公务员范围与工资制度法律依据

（一）公务员范围

发达国家公务员的范围比较广泛，除政府机关干部外，还包括政府雇员，立法机关和司法机关人员，科学、教育、卫生、军队、邮政、铁路、政府商业企业等单位工作的公职人员。

具体来讲，各个发达国家设置的公务员范围各不相同。日本公务员包括政府机关干部和工人以及国立科学、教育、卫生单位的公职人员。根据所在单位不同，分为国家公务员和地方公务员两种，国家公务员指在中央各机关及其派出机构工作的人员，地方公务员指各都道府县所属机关的工作人员。2012 年，公务部门公务员合计 291.9 万人，国家公务员人数约 57.9 万人，占公务员总人数比例 19.8%；地方公务员约 234 万人，占比 80.2%。①

*　作者王梅系中国人事科学研究院工资福利研究室工作人员，博士；王海东系中国人事科学研究院工资福利研究室助理研究员；鲍传健系中国人事科学研究院工资福利研究室工作人员，博士；刘艳良系中国人事科学研究院科研管理处处长，研究员；熊缨系中国人事科学研究院国际交流合作处处长，助理研究员。

①　日本财务省：《2012 年政府预算案》。

德国公务员范围指政府公务员、大学教师、军人、部分邮政及铁路部门工作人员。其中，邮政部门和铁路部门的公务员只包括改革之前加入的人员，现在已经不再录用新的公务员。目前，在联邦政府中，普通公务员占22%，雇员占24%，军人占31%，邮政部门工作人员占15%，铁路部门工作人员占8%。①

加拿大的公共就业人员，广义上包括联邦、省级与地方三级政府，健康与社会服务网络，教育部门以及政府商业企业等部门工作人员。联邦公务员指在核心公共管理部门、专门机构、加拿大皇家骑警队、加拿大常备军、联邦政府商业企业等部门工作的人员。各省和地方公务员的范围不一致，各地之间公务员人数差别较大。

澳大利亚只将政府核心职能机关的雇员作为公务员。政府核心职能机关指的是：联邦政府的部门、执行机构和法定部门。立法机关和司法机关的工作人员以及由选举产生的工作人员都不属于《澳大利亚公务员法》的公务员。2000年公务员人数约占所有劳动力人数的1.3%，2008年上升至1.5%。②

本文研究对象均指联邦（国家）公务员，州（地方）公务员工资政策大都参照联邦（国家）公务员执行。

（二）公务员工资制度法律依据

美国、日本、德国、加拿大、澳大利亚、英国六个发达国家公务员的工资制度都依据相关法律制定。国家公务员法、专门的工资法以及政府主管部门的法律和政策文件共同构成了这些国家公务员工资制度的完善法律体系，以保证公务员的工资结构和管理方式都有法可依、有章可循。由于有严格的法律保障，这些国家的公务员工资制度较为稳定，措施谨慎，很少进行大幅度工资水平调整，为缩小社会地区差距起到了较好的示范作用。

美国公务员现行工资制度的重要法律依据《联邦公务员可比性工资法案》（FEPCA）。该法案列出了制定公务员工资标准的四项指导原则、每年公务员工资的调整标准和调整权限、公务员工资封顶制度等。

日本公务员法律和日本人事院规则共同构成了日本公务员工资制度的一整套完善的法律体系：《国家公务员法》和《地方公务员法》对公务员工资的决定原则和支付原则作了规定。专门的工资法，包括《特别职职员工资法》和《一般职职员工资法》，明确了各种职类公务员的工资构成、工资标准和支付方式等。日本人事院行政法令对工资实施细则进行具体规定和调整。

德国颁布了联邦法律和地方制度规定分别对联邦公务员和地方公务员进行管理。《联邦公务员法》、《联邦公务员报酬法》等对联邦公务员工资的基本原则作出了明确的规定。地方可就各地公务员工资作出制度规定，但不能与联邦相关法律法规冲突。

加拿大有关公务员工资的法律基础由若干条法例共同组成。《财务管理法案》授权财政

---

① 德国联邦内政部：The Federal Public Service，2009。

② 资料来源：Public Sector Emloyment in 21th Century，http：//www.epress.anu.edu.au/wp-content/uploads/2011/05/whole_ book48.pdf。

委员会厘定工资水平和有关工资管理的职权，并确立了按工作（而非按技能）支薪的概念。《公务员员工关系法》规定政府须订定职业分类准则和承认职类利益的谈判组织。《加拿大人权法案》第11条则体现了平等的原则。

《澳大利亚公务员法》明确了公务员范围，《澳大利亚公务员分类规则2000》规定了公务员通用的分类类别，《澳大利亚政府公务员协议框架》对公务员的薪酬政策做了原则性的规定。

二、典型发达国家公务员工资结构

（一）工资构成及功能

后工业和信息化时代下，传统工资概念已经不能反映现实生产关系和分配要素，逐渐被薪酬（compensation）概念所覆盖。薪酬是根据人力要素和贡献对劳动者进行全面补偿的一揽子计划，包括当期支付和延期支付，由此构成覆盖劳动者一生的结构补偿，追求结构效应。应用薪酬理念，公务员工资收入可以分为大结构与小结构，大结构指终生收入，包含公务员的当期工资、福利及退休后的收入；小结构主要是当期收入，包含基本工资、津贴、奖金等。

从公务员工资收入的小结构看，六个发达国家公务员的工资收入大体都由基本工资、各种津补贴和奖金（绩效工资）组成。具体来看，基本工资是基本岗位价值的体现，主要根据职务的复杂程度、困难程度和责任大小来确定，同时也适当考虑各种生活因素的制约，一般都由具体的工资表确定。总体上，六个发达国家公务员工资结构中基本工资占比约在60%—86%之间。美国联邦公务员基本工资约占工资总额的70%；英国高级公务员基本工资占比约为70%左右；德国公务员基本工资所占比重大致在70%—80%之间；日本公务员的基本工资约占工资总额的60%—70%；2011年澳大利亚公务员的基本工资占薪酬总额的比例为74%—86%；加拿大核心公务员的基本工资占比达到80%以上。[①] 津补贴是对公务员工作条件和生活环境差异的补偿，根据工作环境、工作时间、工作岗位和个人条件的不同，只发放给符合相应条件的公务员，津补贴中大部分属于条件津贴，而非普惠性，为公务员完成岗位工作提供必要的保障，解除其后顾之忧，从而安心本职工作。奖金（绩效工资）是对公务员突出贡献的奖励性补偿，根据考核结果确定发放水平。

（二）基本工资功能及设计原则

基本工资体现岗位价值、工作职责、工作难度，兼顾各种生活因素，发达国家公务员基本工资都由详细的工资表来确定。根据公务员职务种类的划分，不同种类的公务员适用不同的工资表。

---

① 作者根据各国公务员工资构成计算得出。

1. 美国联邦公务员

美国联邦公务员基本工资分两大类七个系列。

第一类是法定工资系统，适用于白领雇员，包括三个系列：（1）一般工资表，包括职务职级工资和地区补贴；在职务工资表的基础上，考虑国内不同地区生活成本的差异，将全国划分为若干个区域，不同区域公务员执行不同的细分工资表，约85%的公务员属于这一类。（2）外交人员工资表，含驻外补贴。（3）退役军人卫生管理人员工资表。

第二类是其他工资系统，包括四个系列：（1）行政首长工资表，包括总统和部长、参议院院长、大法官等。（2）高级公务员的工资表。（3）蓝领工人的联邦工资表，蓝领工人工资水平在不同区域执行不同的小时工资标准，有加班工资，工会集体谈判在蓝领工人工资水平的决定中发挥了重要作用。（4）其他行政法规决定的工资表。此外，美国公务员与私企员工等其他劳动者统一执行联邦最低工资标准，由《最低工资法案》规定。

为了消除联邦雇员与非联邦雇员之间的工资差异，确保联邦普通公务员职位在各工资区的市场竞争力，政府设置地区可比性工资作为联邦公务员普通职员序列工资结构中的重要组成部分。在每个工资区，地区可比性工资坚持同工同酬原则，但在不同工资区之间，地区可比性工资保留了工资的区域差异。划分工资区的指标有三个：一是该地区普通职位工资体系雇员的总量；二是该地区与核心城市之间的通勤水平；三是人口规模和密度（每平方英里人口数）。

2. 日本国家公务员

日本国家公务员根据职务高低，分为特别职公务员和一般职公务员。工资法明确规定了不同类别公务员的工资标准，特别职公务员（相当于中国部级以上）一般都是一职一薪制；一般职公务员有行政职、专门行政职、税务职、公安职、海事职、教育职、研究职、医疗职、福利职、专门职、指定职等11类17张表（行政职、公安职、海事职、教育职各2张，医疗职3张，其余均为1张）。

国家公务员的工资表由职务级别、号俸和月工资额三部分构成。工资表中职务级别的级数，根据职类的不同而不同。如行政职工资标准表（1）的公务员职务被划分为10级；行政职工资标准表（2）的公务员职务则被划分为5级；税务职工资标准表的公务员职务被划分为10级。由于兼顾了职务级别和年功因素，各职务级别之间的工资额相互交叉，高级别职务的工资可能低于低级别职务的工资。

号俸即某一职务级别下的工资等级。处于同一职务级别上的职员根据号俸拉开工资档次，体现“宽带工资”的理念。即使处于同一职务级别上，也不一定处在同一号俸上。在各类工资表中，级别越高，号俸数越少。除海事职工资标准表（2）、教育职工资标准表（2）、医疗职工资标准表（2）、医疗职工资标准表（3）、福祉职工资标准表外，每张工资表中最高级别的号俸均为21个。号俸最多的是医疗职工资标准表（3）第1级，达169。号俸设置的多少，主要是根据公务员在一定职务级别停留的时间长短等因素来确定的。一般来说，公务员在中层职务级别上停留的时间较长，中层人员亦较多，因此，在各类工资表中，一般在中层职务级别下都设有较多的号俸，以利于在众多中层人员中拉开工资档次；而在高层职务级别阶段则设较少的号俸。

月工资额是与职务级别和号俸相对应的。因此通常说某公务员的月工资额是“某级某号俸”。每张工资表都有相应的资格基准表，资格基准表由人事院制定。其中明确规定处于某一职务级别及某一工资号俸的必要条件，如考试种类、学历、工龄、在某一级别工作年限、工作地点等。

3. 加拿大公务员

加拿大公务员基本工资是根据集体谈判协议规定的薪点金额，以年薪为标准计量。

加拿大不同职系公务员有不同的固定薪级表，薪级表反映了不同层级公务员基本薪酬的差异，这一差异已经事先由谈判协议规定。仅以项目和行政服务职系公务员的薪级表为例，9 种职位的不同层级之间基本薪酬层次分明。行政服务职位有 9 个薪级，每个薪级又有数量不等的薪点。行政服务的最高薪点与最低薪点（以年薪计算）之比达到了 3.5∶1；信息服务的最高薪点与最低薪点之比为 2.1∶1。①

（三）条件津贴构成及发放原则

津补贴是对公务员工作环境和个人生活条件差异的补偿，具有条件性，必须满足一定的条件才能享受，而非普惠制项目。从六个发达国家所设津贴项目来看，其中既包含各国和地区的共有项目，也有根据自身特点设立的特殊性项目，发放依据和标准各不相同。

六个发达国家基本都设置的共有项目有家庭津贴（教育津贴）、加班津贴、艰苦津贴、特殊岗位津贴、驻外津贴、交通津贴、地区津贴，分别针对家庭支出、超时工作、工作环境、工作条件、地区消费差异等给予补偿。上述几项津贴在各国和地区的工资总额中所占比例不尽相同，但大都按照自身工作职务的特点和所在地生活消费水平确定。

六个发达国家根据本国和地区自身特点也设置有各自的特殊项目。如美国的撤离补贴、外事转移津贴、离职前的生活费补贴；德国应对人才短缺问题设立的特别津贴；日本发给在北海道及其他寒冷地区长期工作的职员的寒冷津贴、以临时津贴的性质发给由其他地区迁至筑波研究学园地区工作职员的“筑波研究学园”迁移津贴、支付给因工作变动与配偶两地分居的单身赴任津贴；澳大利亚的汽车费用补贴、汽车现金补贴、泊车补贴；加拿大针对所设津贴地区的特殊工作环境的工作特点而确定津贴，如对从事监狱工作的发放危险津贴以及对在偏远地区或海上工作的发放津贴。美国、日本、加拿大公务员津贴构成具体情况如下：

---

① 作者根据 Agreement between the Treasury Board and the Public Service Alliance of Canada 整理计算得出。

1. 美国公务员津贴构成①

美国公务员津贴约占工资总额的17%，包括：（1）艰苦地区补贴。最高额度为基本工资的1%—25%。波多黎各自由邦及运河区等特殊区域公务员享有住宅津贴和生活津贴等。（2）危险岗位津贴。最高额度为基本工资的25%。（3）特殊岗位津贴。在非联邦工资比联邦工资高出很多时，在边远地区、艰苦工作时，或人事总署认为有必要的条件下支付特殊岗位津贴。目前，约4.7万名公务员享有特殊岗位津贴，占公务员总额的4%。此外，驻外人员津贴的主要内容有：住房津贴、岗位津贴（含生活费用津贴）、岗位差异津贴、教育津贴、风险津贴、撤离补贴、外事转移津贴、离职前的生活费补贴、探亲假等。

2. 日本公务员津贴构成

日本国家公务员除基本工资外，同时享有多种津贴，内容包括岗位津贴、生活补助津贴、地区性津贴、超时工作津贴四类20余种。

（1）岗位津贴。包括职务津贴、初次任职工资调整津贴、特殊工作津贴等，初次任职工资调整津贴是为确保吸引优秀人才，对需要有专门科学技术知识且录用困难的官职或特殊录用的官职设立的津贴，主要指录用执行医疗职工资表（1）和医疗职工资表（2）需有医科或牙科专门知识的官职。特殊工作津贴主要针对井下作业、航空作业、防疫作业、夜间看护等带有显著危险、令人不快、有害健康的工作发放。

（2）生活补助津贴。包括抚养津贴、住房津贴、交通津贴、单身赴任津贴。

（3）地区性津贴。包括地区津贴、寒冷津贴、特殊地区津贴、"筑波研究学园"迁移津贴。地区津贴是发给在私营企业工资、物价及生活费特别高的地域内工作的职员的津贴，还适用于靠近上述地区或同上述地区相当的地区工作的职员。特殊地区津贴是对在生活非常不方便的地区政府机关内工作的职员所支付的津贴。实验、研究机关迁至"筑波研究学园"的职员，可临时领取"筑波研究学园"迁移津贴。该津贴月额应在不超过本人标准工资、职务津贴和抚养津贴合计额的10%以内。

（4）超时工作津贴。包括加班津贴、法定节假日加班津贴、夜班津贴、值班津贴等。

3. 加拿大公务员津贴构成

（1）有时限津贴与留任津贴。某些职类为了招募和挽留人才而设立。

（2）危险津贴以及在偏远地区或海上工作的津贴。少数雇员（视工作性质而定）会获得特别津贴，这些津贴包括从事监狱工作的危险津贴以及在偏远地区或海上工作的津贴。

（3）房屋津贴。不论是以物业形式还是以津贴形式，房屋津贴甚为罕有，而且是应课税的。

（4）逾时工作补偿。一般为基本薪酬的1.5倍（以超过每天7.5小时的逾时工作时数

---

① 资料来源：http：//www.opm.gov/oca/ INDEX.asp。

计算)，如需在法定假日工作，最多可为基本薪酬的 2.5 倍。[①] 逾时工作必须在事前取得批准。在某些情况下，政府会鼓励雇员补假以代替逾时补偿金。

(四) 奖励性收入构成及发放原则

奖励性收入是对公务员突出表现的补偿，根据公务员工作期间的工作表现，按照考核结果确定发放水平，六个发达国家设立的奖励性工资项目有所区别，水平各不相同。由于设计理念不同，有的国家市场化程度较高，注重工资的激励功能，奖励工资占比较高，如美国、日本，奖金占比均超过 10%；有的国家担心奖励过高会造成保障不足，则有意控制工资中奖励性收入的比例，如德国的奖励性工资占比不到工资总额的 2%；有的国家只针对少数人发放，如加拿大、澳大利亚。

1. 美国公务员奖励性收入[②]

美国联邦政府绩效工资占工资总额 13%左右。包括各种现金奖、工作成绩奖、政府推荐奖、高绩效提薪，此外也有荣誉与表彰、休假奖等。绩效工资起付线是基本工资的 2%，一般封顶线是基本工资的 10%，经部门首长确认可以再增加 10%，总额不超过基本工资的 20%。此外，还有安置奖、留人奖等。但很多州县政府没有绩效工资，例如纽约州的居民普遍认为公务员履行好职责是法律规定的，领取工资便是补偿，不应该再额外给予奖励。

2. 日本公务员奖励性收入[③]

日本公务员奖励性收入包括期末津贴和勤奋津贴，两项加总占月工资总额的 25%左右。其中，期末津贴相当于考勤奖，主要依据公务员的工作时间和出勤率考核发放。期末津贴分两次于每年 6 月 1 日和 12 月 1 日（以下称标准日）支付。以公务员在标准日前六个月内的在职时间长短划分为四档，支付比例为 18.75%—137.5%。所有的支付基数均为标准日基本工资、专业职务调整津贴、抚养津贴、相关地区津贴和远途调动津贴的月度合计额。总体来看，6 月的平均支付比例比 12 月略低，高级别公务员的支付比例比低级别公务员低，适用指定职工资表的公务员支付比例比其他 10 类公务员低，二次任职公务员的支付比例比初次任职公务员低。

勤奋津贴是根据本人标准日之前最近的人事考评结果以及标准日以前六个月以内的工作情况，在各自的标准日所属月度，按人事院规定的日期向在职职员提供的奖金性质的津贴。勤奋津贴每年 6 月 1 日和 12 月 1 日分两次支付，支付比例为 32.5%—77.5%，支付基数为各自在标准日的基本工资、专业职务调整津贴、相关地区津贴以及远途调动津贴的月度合计额。总体上，初次任职公务员领取的勤奋津贴高于二次任职公务员，指定职公务员的勤奋津贴高于其他类别公务员。

---

① 资料来源：http：//www.tbs-sct.gc.ca。

② 资料来源：http：//www.opm.gov。

③ 资料来源：《日本一般职员工资法》。

3. 德国公务员奖励性收入

德国公务员奖励性工资分为年业绩奖励工资和持续表现奖励工资，平均控制在工资总额2%以内。目前，这一部分工资不高，年业绩工资不到月基本工资的一半，持续表现奖励工资需要在连续12个月内持续表现好才能得到。德国内政部门表示，奖励性工资比重在降低，这主要是因为与业绩、表现相关的奖金（或称绩效工资）涉及对个人的评价，但很难对个人的表现作出客观、公正的评价，且业绩、表现奖金占比过高会导致表现不好时保障不足。

4. 加拿大公务员奖励性收入①

加拿大公务员的奖励津贴与绩效津贴只对少数公务员发放。极少数公务员（主要为行政职级的公务员）会获得与工作表现挂钩的报酬（约为基本薪酬的5%—10%）。个别职类人员除了基本薪酬外，还会获得有时限津贴与留任津贴。设立这类津贴是基于某些职类因人才短缺的考虑，需要在招募和挽留人才方面引入竞争。

5. 澳大利亚公务员奖励性收入

澳大利亚公务员的各类奖金主要包括前12个月支付的实际绩效奖金、前12个月支付的实际留任奖金、生产力奖金、签约奖金以及团组或单位奖金和津贴。总的来看，得到绩效奖金的人数较少，奖金也只占整个公务员薪酬总额很小一部分。2011年，各个类别得到绩效奖金的人数比例从0.3%到31.6%各不相同，高级行政服务（Senior Executive Service，SES）类这一比例最高。SES类公务员奖金只占薪酬总额的1.2%—1.5%，非SES类公务员奖金只占薪酬总额0.8%。②

（五）层级间工资差距

六个发达国家公务员工资制定一般以公务员法为基础，以各种形式的单项法律和行政规则为重要组成部分，将公务员的基本工资标准划分为若干职务等级，每个等级再设若干档。职务等级越高，基本工资水平越高，由此形成公务员基本工资等级差距。除基本工资外，由于津补贴项目有的与职务挂钩，有的则视工作环境和个人生活条件而定，与职务关联性较低，因此，不同层级的公务员，虽然基本工资不同，但津贴水平却可能相同或相近，从而导致不同层级公务员的工资结构不同，即基本工资和津贴的比重不同。

1. 基本工资差距

德国2009年A类公务员（大致相当于我国处级及以下公务员）的基本工资差距为3.6

---

① 资料来源：http：//www.tbs-sct.gc.ca。

② 资料来源：《2011年澳大利亚公务员薪酬报告》，http：//www.apsc.gov.au/publications-and-media/current-publications/remuneration-surveys/2011。

倍。B类公务员（大致相当于我国副司级至副部长级公务员）的基本工资差距为2.1倍。A、B两类总体来看，最高与最低的差距为6.8倍。日本行政职工资标准表（1）设有10个职级，每级所设号俸不等。其中，第2级号俸最多（设有125个），第10级号俸最少（设有21个），最高工资额是最低工资额的4.2倍。澳大利亚SES3（SES3是高级行政服务类中的最高档）与APS1（Australian Public Service，APS，APS1是普通公务员类的最低档）公务员的中位基本工资差距约为6.6倍；与普通类公务员的中位基本工资差距约为1.9倍。①

2. 工资结构差距

澳大利亚SES类公务员的基本工资占工资总额的比例只有75%左右，非SES类别的公务员基本工资的占比达到85%—87%。②随着职务层级的提高，基本工资占比减少，其他津补贴和奖励性收入占比增加。

（六）地区间工资差距

为了平衡由各地经济发展程度和物价水平差异等因素引起的公务员收入差距，各国政府通常采用两种方法保持各地公务员收入的购买力相当，即划分工资区和设立地区生活津贴。

美国联邦政府使用都市统计区标准（Metropolitan Statistical Areas，MSAs）划分工资区，并以此为依据制定地区可比性工资。MSAs通常由一个核心大都市和周围与此核心都市有高度经济一体性的县域群构成。确定MSAs的指标主要有两个：一是城市人口的规模和密度；二是区域之间的经济关联水平。而决定相邻县域能否被纳入MSAs区域的指标有三个：一是该县域普通职位工资体系（General Schedule，GS）雇员的总量，该指标用来衡量该地区对于联邦政府的相对重要性；二是该县域与MSAs之间的通勤水平，该指标用来衡量地区之间经济关联的水平；三是人口规模和密度（每平方英里人口数），该指标用来衡量地区城市化的水平，同时也能反映地区的经济活动水平和工资水平。

为了消除各地生活成本差异，政府设立了地区生活津贴。美国称为生活成本津贴，联邦人事署主要通过比较首府华盛顿与各地区的生活成本和住房成本（使用租金价格作为住房成本的等价指标）差异来确定生活成本津贴。日本称为地区津贴，发给在私营企业工资、物价及生活费特别高的地域内工作的职员。发放基数是本人月标准工资、职务津贴、抚养津贴之和，比例按照公务员所在勤务地的级别确定，勤务地区级别划分以城市人口数、前10年的平均工资指数和该城市与中心城市的通勤者率为标准确定。

（七）工资结构特点

分析上述六个发达国家公务员的工资结构，具有以下特点：

---

①② 资料来源：《2011年澳大利亚公务员薪酬报告》，http://www.apsc.gov.au/publications-and-media/current-publications/remuneration-surveys/2011。

1. 基本工资占比具有可变区间

由于津补贴多属条件性，大部分津补贴只发放给符合条件的公务员，而且发放标准不直接与职位级别挂钩或与基本工资成固定比例，因此不同国家、不同部门、不同职位之间的基本工资占比并不一致，平均为 70%—80%。并且，由于津补贴不是普惠性，因而就公务员个人而言，基本工资与津补贴比例不是统一恒定的，因其基本条件的不同而有差异，但是差别幅度不大。

2. 明确功能以条件定位公务员津贴

从六个发达国家公务员的津贴项目看，津贴设置多从功能性出发，根据生活所需、工作时间、工作环境及其他条件确定，只发放给符合相关条件的人员，不与公务员的职务和责任相对应。

3. 津贴设置具有明显环境特点

六个发达国家设置津贴时具有显著的环境特点。澳大利亚是世界上人口密度较低的国家之一，由于国土面积大，人口稀少，居住地与工作地之间往往距离较远，因此公务员的各类福利中汽车费用补贴和汽车现金补贴占很大比例。相反，2011 年澳洲统计局及联邦证券发布的数据显示，澳大利亚平均房屋面积为世界第一，住房问题并不突出，因此津贴中没有住房补贴。加拿大的人口分布和住房建设具有统一的特点，因此住宅津贴（不论是以物业形式还是以津贴形式）也甚为罕有，而且是课税的。而住房津贴这一项是其他四国的共有津贴项目。

4. 奖励性工资占比差异较大

奖励性工资在工资总额中的占比差异较大，这主要由各个国家和地区的工资设计理念不同导致。德国秉持“同职位相称的工资原则”，坚持“承担的职位同工资等级相称”，为保证公务员工资的公平性和保障性，德国联邦和各州都控制甚至缩小绩效工资（约占工资总额 2%左右）。而美国作为市场经济大国，鼓励通过竞争创造业绩，绩效工资的种类繁多，金额占比较大，绩效工资起付线是基本工资的 2%，最高不超过基本工资的 20%。加拿大公务员的奖励津贴与绩效津贴只对少数公务员发放，极少数公务员（主要为行政职级的公务员）会获得与工作表现挂钩的报酬（约为基本薪酬的 5%—10%），个别人才短缺的职类人员还会获得有时限津贴与留任津贴。

5. 不同层级公务员工资结构差异

在澳大利亚，公务员基本工资占比按照公务员的职位和承担责任不同而分类考虑，公务员层级越高，基本工资占比越低。SES3 类基本工资占薪酬总额的比例平均为 76.7%，APS1 类的这一比例是 85.6%。主要原因：一是高级公务员的单位养老金缴纳和汽车福利津贴等福利部分收入占比相对较高，这体现了公务员收入注重长期性和稳定性的特点。二是高级公务员享有激励性工资。较高层级公务员（大致相当于我国处以上公务员）的报酬更多地来自其从政兴趣、价值取向，工资报酬仅仅是其从该职位中获得的总报酬的一部分。

6. 地区收入有差距但购买力相当

从六国不同地区公务员工资看，存在地区差距，但是不同地区公务员的工资水平购买力大体相当，这主要是各国政府为了平衡由各地经济发展程度和物价水平差异等因素引起的公务员收入差距，通常采用两种方法保持各地公务员收入的购买力相当：划分工资区和设立地区生活津贴。既考虑不同地区的生活成本差异，而且选择具有代表性的生活成本价格指标作为确定生活成本津贴的参照系。例如，美国联邦人事署主要通过比较首府华盛顿与各地区的生活成本和住房成本（使用租金价格作为住房成本的等价指标）差异来确定生活成本津贴。

三、对我国公务员工资结构的启示与借鉴

总结分析上述六个发达国家公务员工资结构和工资管理体制的特征，对我国公务员工资制度具有以下启示与借鉴。

（一）提高基本工资比重

六个发达国家公务员基本工资占主体地位，除日本基本工资占比为60%—70%之外，其他国家基本工资比重在70%—80%之间。我国作为一个经济快速增长的发展中国家，存在物价上涨速度快、各地区之间经济发展不平衡等问题，现阶段基本工资占比过低、各地公务员基本工资占比差异过大是大多数发展中国家面临的共同问题，应当借鉴发达国家经验，逐步提高基本工资比重，明确基本工资主体地位，构建合理的公务员工资结构。

（二）实施宽带工资，增加晋档增资渠道

国外公务员工资结构中，同一级别内设有的档位工资较多，解决了大量任职年限长的公务员因长期无法提升职务而导致工资停滞的问题。如日本医疗职公务员工资表（3）第1级的档位工资数多达169个。我国可借鉴国外做法，扩大不同级别之间职级工资的交叉幅度，放大同一级别内最高职级工资与最低职级工资的比例，中层以下职务级别设立较多档次，保证公务员在未获职位提升的情况下仍可通过晋档增资。

（三）津补贴与职务级别基本无关

六个发达国家公务员工资结构中，大部分津补贴项目属于条件性项目，即根据工作时间、工作环境、生活需要等条件确定发放标准，与职务和级别的相关性不大，即使部分项目（如岗位津贴）在一定程度上与职务和级别挂钩，但也并非与该职务基本工资等比例挂钩。我国在设置津补贴项目时，应当借鉴发达国家和地区的模式，还原津补贴真实功能，根据工作环境、个人自身条件制定发放标准，正确处理津补贴项目与职务级别的关系，明

确定位各项津补贴的功能，严格规定津补贴发放条件和给付标准。

（四）以保障工资为主，以激励工资为辅

从六个发达国家工资结构来看，奖金在工资结构中普遍占比较低，英国、德国、加拿大、澳大利亚等多数发达国家奖金占比不高于10%，美国和日本的奖金占比较高，但不超过25%。一方面，考虑到难以客观公正地评价公务员的工作绩效；另一方面，绩效工资占比过高将导致部分绩效低的公务员保障不足，不符合公务员收入稳定的特征和要求。因此，我国在设计公务员工资结构时，需要综合考虑公务员工资的激励性和保障性，处理好绩效考核的公平与公正问题，慎重确定奖金的合理占比，避免因奖金比例过高而冲淡工资收入的正常结构，真正将公务员工资与业绩挂钩，体现公务员的实际贡献，激发公务员的工作积极性。

（五）统筹设计公务员终身收入

六个发达国家在制定工资政策时，通常统筹考虑公务员在职收入和养老金等终身收入，给公务员以较为明确的终身收入预期，公务员在职期间收入与社会同类人员比较优势并不明显，但退休后优厚的养老保障使公务员与社会同类人员相比有显著优势。我国应当在明确定位公务员职责任务的情况下，综合考虑公务员的在职收入水平、退休后养老金水平等终身收入，确保公务员终身收入的稳定性，从而保证公务员对国家的忠诚度。

参考文献

[1] 美国人事管理总署：《联邦行政部门人员统计信息》，http：//www. opm. Gov/feddata/ factbook/index. htm。

[2] 美国政府预算局：《2008财政预算年度报告》，http：//www. whitehouse. gov/omb/budget/fy2008。

[3] 美国人事管理总署：《联邦各类津贴福利》，http：//www. opm. gov/oca/ INDEX. asp。

[4] 美国人事管理总署：《各类人员工资表（2008）》，http：//www. opm. gov/oca/ 08 tables/index. asp。

[5] 《2011年澳大利亚公务员薪酬报告》，http：//www. apsc. gov. au/publications-and-media/current-publications/remuneration-surveys/2011。

[6] 胡卫：《英国高级公务员薪酬管理制度改革的最新进展》，《社会科学》2004年第3期。

[7] 彭锦鹏：《英国公部门薪俸制度改革的经验与检讨》，《政治科学论坛》2003年6月。

[8] 曹雅思：《我国公务员薪酬制度研究——基于对宽带薪酬的研究》，河北大学硕士论文，2012年6月。

[9] 德国联邦内政部：The Federal Public Service，2009。

[10] 德国联邦内政部：The Public Service in Germany，2009。
[11] 张金龄：《海外公务员工资福利制度》，人民出版社 1992 年版。
[12] Kai-Andreas Otto，*Civil Service Salary System in Germany and Recent Reform Trends*，2007.
[13] 刘文英：《日本官吏与公务员制度史》，北京图书馆出版社 2008 年版。
[14] 万鹏飞、白智立：《日本地方政府法选编》，北京大学出版社 2009 年版。
[15] 柏良泽：《日本公务员的工资结构》，《组织人事学研究》1994 年第 4 期。
[16] 朱光明：《日本公务员制度改革述评》，《中国行政管理》2010 年第 1 期。
[17]《日本一般职务职员工资相关法律（2012 年）》。
[18]《加拿大个案概览（2002）》。
[19]《加拿大公务员雇佣法（2003）》。
[20]《加拿大财政管理法（2013）》。

Wage Structure of Civil Service in Typical Developed Countries

Wang Mei，Wang Haidong，Bao Chuanjian，Liu Yanliang，Xiong Ying

Abstract：Selecting six typical developed countries—United States，Japan，Germany，Canada，Australia and Britain，this article comparatively analyzes their civil servants wage structure and salary management system by reviewing and summarizing the civil service laws，wage bills，policy documents，periodical government reports and other relevant research literature in these six countries. Then drawing upon the analysis of the foreign effective practice，this article proposes inspiration and suggestions for China' s civil service wage system reform.

Key words：developed countries，civil service，wage structure

（编辑：吴　帅）

国外人力资源服务业的发展

莫　荣　陈玉萍*

[摘要]　党的十八大提出“推动实现更高质量的就业”目标，对健全人力资源市场、完善就业服务体系提出了新的更高要求。人力资源市场的供求主体分别是劳动力和企业，人力资源服务业则是人力资源市场的载体，包括了公共就业服务和私营就业服务两大部分。一方面，我国人力资源市场伴随着改革开放的进程，经过30多年的努力，初步形成了公共服务与经营性服务并重，各类人力资源服务机构并存的多层次、多元化的人力资源市场服务体系。人力资源服务业作为一个独立的服务行业门类的地位得以确立，在经济社会发展中的重要性日益提升。但另一方面，由于我国人力资源服务业处于起步阶段，也伴随着许多成长中的问题。致力于推进我国人力资源服务业健康发展，为实现高质量就业提供服务，本文着重介绍国外人力资源服务业的发展情况，并从全球视角进行分析和比较，吸取对我们有借鉴作用的经验。

[关键词]　人力资源服务业　私营就业服务业　国际私营就业机构联合会

一、国外人力资源服务业的发展历程

国外人力资源服务业起源于19世纪末。在开始阶段，由于其自身经营不规范，加之社会环境和认识方面的局限性，除美国等少数国家外，私营就业机构的发展受到严格限制，甚至被禁止和取缔。为了生存和发展，私营就业机构不得不重塑形象，加强自律。进入20世纪70年代后，发达国家的经济陷入滞胀危机，失业问题日益严重，扩大就业的任务十分繁重。这一时期，作为对公共就业服务的补充，私营就业服务业以多样化的经营业态，高效灵活的经营方式，在促进灵活就业、增加工作岗位、减少失业特别是长期失业方面的作用日益突出，逐渐为社会所接受和认可。特别是20世纪90年代国际劳工组织通过了《私营就业机构公约》（第181号）后，私营就业服务业的合法性终于被承认，进而发展成为一个重要的新兴产业。

由于国际劳工组织早期制定的公约和一些国家的法律、政策提倡和鼓励公共就业服务，国外人力资源市场发展的早期是政府提供的公共就业服务（public employment services）占

*　作者莫荣系人力资源和社会保障部国际劳动保障研究所所长，研究员；陈玉萍系人力资源和社会保障部国际劳动保障研究所副主任，副研究员。

主导地位，私营就业中介机构则经历了从被限制和废除、放松限制到多元化发展，再到合法化直至得到政府和国际社会肯定和鼓励其发展这样几个阶段。

（一）禁止私营职业介绍机构的阶段（1919—1933 年）

第一次世界大战结束后，欧洲经济凋敝，民不聊生。面对重建经济、解决失业的困难局面，刚刚成立的劳工组织于 1919 年制定了《失业公约》（第 2 号）和 1919 年《失业建议书》（第 1 号），全面限制私营职业介绍所，确立公共职业介绍所的垄断地位，以保证职业介绍服务的无偿化，降低劳工的求职成本，尽快实现充分就业。

《失业公约》（第 2 号）规定，成员国有义务建立一个在中央主管机关控制下的公共免费职业介绍所系统。考虑到现存的私营职业介绍所不可能马上废除，公共职业介绍所对其功能的取代也需要一个过程，所以公约没有直接规定禁止设立或限期废除私营职业介绍所，这部分内容采用的是具有指导意义而不具有强制性的建议书形式。与第 2 号公约配套通过的 1919 年《失业建议书》（第 1 号）规定，禁止成员国设立收费或营利的职业介绍所，要求政府对现存的这类介绍所，实行营业执照的许可制，或者尽快制定废止措施。

（二）对私营职业介绍机构放松限制的阶段（1933—1949 年）

《失业公约》（第 2 号）实施 10 年后，1929 年全球经济危机爆发，1933 年达到顶峰，整个资本主义世界工业生产下降 40%，失业问题又一次全面显现。私营职业介绍所在劳动力市场中的作用仍然存在争议，禁止收费职业介绍所的议题再次成为各国关注的热点。尽管国际劳工组织主张禁止有偿的职业介绍机构，但各国的收费职业介绍机构作为一种职业中介始终存在。在面临经济危机和世界大战的背景下，国际劳工组织采取了比较务实的态度，这一时期不再坚持公共职业介绍所的国家垄断，只是指出各国有义务设立公共职业介绍所，并强调其主导地位。这样的规定适应了 20 世纪三四十年代世界各国亟待解决失业问题的需要。

（三）私营就业机构业态多元化阶段（1949 年至 20 世纪 90 年代初）

作为 1948 年《就业服务公约》（第 88 号）的补充，国际劳工组织于 1949 年制定了《收费职业介绍所公约（修订）》（第 96 号）。根据该公约，成员国可以自行选择采取渐进式地废除或监督管理收费职业介绍所。到 1949 年，国际劳工组织基本上放弃了废止收费职业介绍所的方案，把重点放在防治收费职业介绍所弊端方面。该公约被认为是关于就业服务的劳工标准从国家垄断的概念向承认多元化概念转变的一个里程碑。在这一期间，私营职业介绍机构有了一定发展。虽然与公共就业机构相比，私营职业介绍机构处于次要地位，但其对人力资源市场顺利运行还是起到不可或缺的作用。

从 20 世纪 50 年代开始，特别是 60 年代、70 年代，随着劳动力市场迅速发展变化，与职业介绍相关的各种行业形态都在发展。到 20 世纪 90 年代，除了美国、英国等少数一直允许私营职业中介机构存在的国家外，葡萄牙（1989 年）、丹麦（1990 年）、瑞典（1993

年)、芬兰（1994 年）和奥地利（1994 年）等国也先后解除了对私营中介机构的禁令①。

（四）鼓励私营就业机构发展阶段（20 世纪 90 年代至今）

面对不利的制度环境和社会舆论，夹缝中成长的私营就业服务机构也痛定思痛。为了争取扩大生存空间，他们不得不加强自律，守法经营，重新树立自己的形象。20 世纪 60 年代成立的国际私营就业机构联合会（ICPEA）和各国的行业组织也为争取私营就业服务业的合法地位起到了重要的推动作用。

1997 年第 85 届国际劳工大会通过了《私营就业机构公约》（第 181 号）。至此，经过了近一个世纪的发展，私营就业服务业终于为社会认可，取得了合法地位。国际劳工组织放弃了以往维持公共职业介绍所垄断地位并废除（或严格限制）私营介绍所的想法，取而代之的是鼓励私营就业机构与公共就业机构的合作与互补。公共职业介绍所应以长期失业者或其他弱势群体成员为特定目标，而让私营职业介绍所能为其他就业安置机会进行自由竞争。

二、国外人力资源服务业的主要业态

国外人力资源服务业主要包括职业介绍、职业培训、劳务派遣、猎头、人力资源外包等业务领域。根据国外对私营就业机构的定义和产业描述，我们把人力资源服务机构归纳为以下几种类型。

（一）猎头寻访

猎头是帮助优秀的企业找到需要的人才，也被称作高级人才寻访。代表性公司有海德思哲（ Heidrick & Struggles ）等。

海德思哲国际咨询公司是全球最大的提供企业领袖搜寻和企业领导咨询服务的专业公司之一，是美国纳斯达克上市公司。海德思哲拥有自己的知识库和全球人才知识网络，其专项业务按不同行业、职能和地理区域划分，有专业顾问 1400 多名，业务范围遍及美洲、欧洲、非洲和亚太地区的 65 个国家。在过去的 50 多年中为全球客户提供了大量从首席执行官、董事会成员到公司高级管理人才的搜索咨询服务。海德思哲的客户包括全球财富 500 强的跨国公司、中等规模公司和高速发展中的新兴企业、非营利机构、教育机构和基金组织等。公司面向全球客户提供一揽子的企业领袖解决方案服务，其服务包括企业领袖的评估、企业领袖的发展、过渡时期企业领袖的支持及其董事会的专项服务。

（二）人才测评

人才测评是指通过一系列科学的手段和方法对人的基本素质及其绩效进行测量和评定的活动。世泓（SHL）是其中的代表性公司。

① 中国就业促进会赴欧洲考察团：《欧洲私营职业中介机构发展与人力资源市场管理新趋势（上）》，《中国就业》2007 年第 10 期。

世泓是国际人才测评方案公司，它在从招聘、员工发展到继任规划的全过程中，通过人才信息与决策为客户带来商业绩效的提升。世泓总部位于英国伦敦，分支机构遍布北美、南美、欧洲、中东、非洲、亚洲、澳大利亚和新西兰，其业务遍及50多个国家，每年以30多种语言进行超过2500万次评估。凭借咨询顾问业务和24小时支持中心，世泓的客户可以通过其技术平台执行1000多种评估。

30多年来，世泓一直在收集员工工作有效性的人才信息数据，包括全世界各行各业、公营私营、从前线运营员工到行政领导层的各个层面，并在此基础上推出自己的人才分析系统。这个分析工具建立在基于科学的人才测评数据与信息的全球数据库之上，为企业解答一些关键的人才方面的问题，从招聘有效性和员工发展策略，到他们的员工队伍在行业内和区域内的竞争比较。因此公司可以对招聘目标人才及其岗位工作绩效以及员工管理和领导潜力方面获得重要信息，帮助客户企业实现绩效提升，并加强整体竞争地位。

（三）中、高级管理和专业技术人员招聘

代表性公司有米高蒲志国际（Michael Page International）等。米高蒲志国际1976年在伦敦成立，是专业从事长期工、合同工和临时职位招聘工作的领先招聘咨询服务机构。公司在32个国家设有148个办事处，并于2003年在上海开办了其在中国的第一个办事处。目前米高蒲志国际在全球所有主要商业中心设有办事处，包括香港、伦敦、纽约、巴黎、东京、多伦多、新加坡、悉尼。集团旗下拥有三大品牌，分别是Michael Page、Michael Page Executive Search和Page Personnel。公司业务范围从为全球性公司提供招聘策略咨询到为求职者寻找理想的工作，主要集中于以下行业的招聘工作：会计、银行与金融、工程与制造、法律、采购与供应链、房地产与建筑。专注于对中高级从业者的招聘工作，为求职者和雇主牵线搭桥。

（四）人力资源软件

人力资源软件业（e-HR）是信息技术产业的一支，随着市场细分形成了人力资源软件簇群。代表性公司有肯耐珂萨（Kenexa）等。

肯耐珂萨始创于1987年，在2000—2001年收购了4家公司。这些新收购的公司促进了筛选和行为测试产品的开发和技能测试技术。目前，公司拥有2200多名员工，包括企业心理学家、流程顾问、统计学专家、技术人员和人力资源专业人士。业务范围覆盖了北美、欧洲、中东和亚太地区，设有26个分支机构和办事处。肯耐珂萨的招聘管理系统每年测试超过1500万员工，问卷调查超过1000万员工，通过招聘流程外包为员工安排工作。公司的客户包括全球500强企业中的300多家公司，为总共200多个国家和地区的4.4万多家公司提供服务。

肯耐珂萨可以提供全球化的解决方案，从新兴的市场中吸引人才，发展虚拟团队，并且满足各个国家的法规要求，具有26种不同的语言版本，支持27种地区方言。其强大的工作流程支持整个招聘周期，从职位的审批到候选人的面试与评估，并提供一个沟通的平台。可以帮助招聘专员创建并且自动安排复杂的招聘活动的时间，同时为管理海量候选人

提供了简洁的管理方法。

（五）人力资源咨询

人力资源管理咨询是指专业咨询机构基于企业在人力资源开发与管理领域的管理需求，利用系统的方法论和行业经验为其制定专门的解决方案，实现人力资本管理与公司战略更紧密的结合，帮助企业实现战略目标。代表性公司有韬睿惠悦（Towers Watson）等。

2010年1月韬睿咨询公司（Towers Perrin）与华信惠悦咨询公司（Watson Wyatt）合并，组成了新的公司——韬睿惠悦（Towers Watson）。合并前韬睿咨询和华信惠悦的人力资源咨询服务就都在世界排名前列，合并后其竞争力进一步提升。韬睿惠悦总部位于美国纽约，在全球拥有超过1.4万人的专业团队，在34个国家开展经营活动，在大中华区有6家分公司，分别在上海、北京、深圳、广州、香港、台北；另外在武汉设有研究中心。

合并后的韬睿惠悦形成了三大专业服务：员工福利咨询、风险与金融业咨询、人才与奖酬咨询。其中，员工福利咨询是规模最大、赢利水平最高的业务。在风险与金融业咨询领域，韬睿惠悦是全球无可争议的第一名，并在金融业和电信业形成了行业绝对优势，电信业前几家知名企业几乎全是韬睿惠悦的客户。人才与奖酬咨询是韬睿惠悦的第三大业务领域，包括高管薪酬、人才管理、数据服务、组织效应调查等。

（六）网络招聘

网络招聘业是人力资源服务业与互联网业的交集。凯业必达（Career Builder）是其中具有代表性的公司。

凯业必达网是北美地区最大的在线招聘网站，也是全球流量最大的30个网站之一。公司成立于1994年，总部位于美国芝加哥。凯业必达拥有庞大的企业资源，提供了涵盖各行各业几乎所有的职位。庞大的用户基数，也为招聘企业的精准匹配提供了最大可能。在凯业必达网站，用户可以通过职位检索、招聘信息浏览、简历投递寻找工作。目前凯业必达在美国、英国、加拿大、法国、瑞士、意大利、德国、印度和中国等国家或地区设立18家公司。

凯业必达为全球的求职者提供了大量的职位机会，也为世界500强企业、中小企业以及政府部门提供了先进理念的招聘通道。招聘职位超过160万个，每月的访问量超过2300万。凯业必达已建立一个全球网络平台，以数千台服务器架构为基础，联接分布于全球23个国家的运营系统，覆盖了全球82个主要国家或地区。不仅具备全球统一的系统平台优势，还针对各个国家或地区的文化背景与需求进行了本土化开发与完善。

（七）人力资源外包

人力资源外包是企业根据需要将某一项或几项人力资源管理工作或职能外包出去，交由其他企业或组织进行管理，以降低人力成本，实现效率最大化。总体而言，人力资源管理外包渗透到企业内部的所有人事业务，包括人力资源规划、制度设计与创新、流程整合、员工满意度调查、薪资调查及方案设计、培训工作、企业文化设计等方面。人力资源管理外包的主要形式有业务流程外包（BPO）、薪酬外包、福利外包、劳务派遣和招聘流程外包

（RPO）等。为企业代理大规模的招聘项目实施及招聘流程管理的招聘流程外包，是人力资源外包业务的一个重要分支。所谓招聘流程外包，是由人力资源公司管理、把握企业招聘的所有环节，包括职位需求、招聘渠道管理、简历筛选、候选人面试等，提供从建立具体职位需求到候选人就职的全部招聘环节的一揽子服务。

薪酬外包比较有代表性的公司有美国的 ADP 公司等。ADP 公司 IT 技术基础扎实，在根据客户需求进行薪酬建模、开发薪酬计算流程和系统、绩效和薪酬数据收集与审查、薪酬计算、薪酬发放和报表报告模块等方面具有很大优势。全球人力资源行业的三大巨头德科（Adecco）、任仕达（Randstad）和万宝盛华（Manpower）是人力资源外包和人才派遣领域非常具有代表性的公司，人力资源外包和人才派遣在他们的业务规模上都占有举足轻重的地位。

三、国外人力资源服务业的产业规模

从 20 世纪 90 年代开始，国外人力资源服务业进入了发展的快车道，多样化的经营业态更加成熟，服务的技术含量进一步提升，市场营业额不断上升，成为了一个重要的新兴产业。

（一）私营就业服务机构和工作人员的数量

根据国际私营就业机构联合会的统计，2010 年全球共有 12.8 万个私营就业机构，分支机构 17.6 万个。亚太地区的机构总数占全球总数的 57%，欧洲占 26%，北美占 12%，中国、日本和美国是私营就业机构数量最多的国家，占全球数量总数的 65%。2010 年全球私营就业机构的工作人员总数为 90.8 万人，其中欧洲占 30%，亚太地区占 24%，南美占 21%。工作人员数量最多的三个国家为日本、巴西和美国，占总数的 62%①。

（二）全球私营就业服务机构的行业分布和营业额

1. 私营就业服务机构的行业分布

国外私营就业服务机构的行业分布不尽相同，总的来看，为制造业和服务业提供的就业服务占据了市场的主要份额。在智利、希腊、挪威、西班牙、瑞典和英国等国家，私营就业服务机构为服务业提供的就业服务比例非常高，在 50%以上。在比利时、德国、匈牙利、波兰等国家，为制造业提供的就业服务比例较高，约占 50%以上。为农业提供的就业服务比例通常较低，其他行业平均占 20%。②

---

① International Confederation of Private Employment Agencies, "*The Agency Work Industry around the World*", Economic Report, 2012, p. 12, http://www.ciett.org/fileadmin/templates/ciett/docs/Ciett_Economic_Report_2010.pdf.

② International Labour Organization, *Private Employment Agencies, Temporary Agency Workers and Their Contribution to the Labour Market*, 2009, pp. 17, http://www.ciett.org/fileadmin/templates/ciett/docs/Public_Affairs/ILO_C181_WPrEA_2009.pdf.

2. 私营就业服务业的营业额

全球私营就业服务业自 20 世纪 90 年代中期起保持稳步发展，从 1994 年到 1999 年其市场营业额翻了一番，由 750 亿美元上升到 1500 亿美元。从 1999 年到 2006 年市场营业额又翻了一番，上升到 3000 亿美元。2007 年达到 3410 亿美元。①

根据国际私营就业机构联合会 2012 年发布的研究报告，2010 年全球排名前 10 位的私营就业服务机构的营业额占全部私营就业市场总份额的 28%。其中，德科集团（Adecco）以 213 亿美元年营业额排名第一；万宝盛华集团（Manpower）排名第二，年营业额为 189 亿美元；任仕达集团（Randstad）年营业额为 188 亿美元，排名第三。

人力资源媒体公司 HRoot 发布的《2011 年全球人力资源服务机构 50 强》榜单与白皮书，将全球人力资源服务机构按照 2010 财年营业额进行了排序，前 50 强企业涉及的业务主要包括：劳务派遣、人力资源服务外包、人力资源咨询、在线招聘、猎头寻访、人才测评等。前 20 位机构中有 7 家机构，包括前三位的德科、万宝盛华和任仕达，都主要从事劳务派遣业务，而且总营业额比其他业务类别营业额都高；此外，他们集中从事的是人力资源外包业务，前 20 位机构中有 6 家机构从事外包业务。②

（三）全球派遣就业的营业额和派遣员工数量

1. 劳务派遣业务的营业额绝大部分来自临时就业和派遣就业业务收入

目前全球私营就业服务业大公司的业务主要集中在临时就业和派遣就业领域。国际私营就业机构联合会 2012 年发布的研究报告中，关于营业额的统计数据计算结果显示，全球临时就业和派遣就业的营业额占私营就业服务业总营业额的比例达 90%以上。③ 也就是说，全球人力资源市场的年营业额绝大部分来自临时就业和派遣就业业务收入。

根据国际私营就业机构联合会 2012 年研究报告的统计结果，2010 年全球派遣就业年营业额为 2470 亿欧元，美国以占全球营业额 27%的比例排名第一；日本的派遣就业营业额占全球总额的 19%，排名第二；第三名是英国，比例为 9%。欧洲是年营业额最高的地区，占全球总营业额的 38%，北美地区占 29%，亚太地区占 26%。

2. 全球派遣就业的员工数量呈稳定增长趋势

自 20 世纪 90 年代中期以来，派遣就业业务一直呈稳定增长趋势，无论从绝对数量还

---

① International Labour Organization, *Private Employment Agencies, Temporary Agency Workers and Their Contribution to the Labour Market*, 2009, pp. 11, http://www.ciett.org/fileadmin/templates/ciett/docs/Public_Affairs/ILO_C181_WPrEA_2009.pdf.

② HRoot：《2011 年全球人力资源服务机构 50 强》，2011 年，第 30 页。

③ International Confederation of Private Employment Agencies, "*The Agency Work Industry around the World*," Economic Report, 2012, pp. 15-16, http://www.ciett.org/fileadmin/templates/ciett/docs/Ciett_Economic_Report_2010.pdf.

是相对数量来说都在上升。全球派遣工人的数量从 1997 年的 451 万上升到 2007 年的 952 万。[①] 2010 年私营就业机构雇用的派遣工人数量折合成全日制工作岗位（FTE）为 1040 万人，其中欧洲占 35%，北美占 25%，亚太占 13%。美国私营就业机构雇用的派遣工人总数折合成全日制工作岗位为 258 万，南非为 96.7 万，巴西和日本分别为 96.5 万和 96 万。美国、南非和巴西三个国家雇用的派遣工人数占全球总数的 44%。

派遣就业占全部劳动力比例也被称为渗透率。2010 年很多欧洲国家的派遣就业渗透率都提高了，德国为 2%，瑞典为 1.3%，达到历史最高水平。英国下降到 3%是由于它所提供的是 2009—2010 财年的统计数据，而不像其他国家那样是 2010 年的数据。2010 年整个欧洲的派遣就业平均渗透率为 1.6%，高于 2009 年的 1.4%，但仍然低于 2008 年的 1.7%。成熟的市场国家如英国、法国、德国、比利时、荷兰和卢森堡都高于平均数，而南欧和东欧国家都低于平均数。

表 1　欧洲部分国家派遣就业占全部劳动力比例（渗透率 %）

国家	1996 年	1998 年	2000 年	2002 年	2004 年	2006 年	2008 年	2010 年
奥地利	0.4	0.6	0.8	0.8	1.2	1.5	1.6	1.6
比利时	1.2	1.6	1.7	1.6	1.8	2.1	2.1	1.9
丹麦	0.1	0.3	0.3	0.4	0.5	0.7	0.7	0.8
芬兰	0.4	0.4	0.4	0.4	0.6	0.7	1.3	0.9
法国	1.3	2.0	2.5	2.3	2.3	2.4	2.3	2.0
德国	0.5	0.7	0.9	0.9	1.1	1.5	1.9	2.0
卢森堡	1.2	1.2	2.2	2.1	2.1	2.5	1.9	1.9
荷兰	2.1	2.4	2.3	2.1	1.9	2.5	2.9	2.5
葡萄牙	0.6	0.7	0.9	0.9	0.9	0.9	1.6	1.7
瑞典	0.2	0.4	1.0	0.8	0.7	0.8	1.3	1.3
瑞士	0.6	0.8	1.0	0.9	1.0	1.5	1.7	1.6
英国	2.6	2.6	3.7	3.7	4.2	4.3	4.1	3.0

资料来源：International Confederation of Private Employment Agencies, "*The Agency Work Industry around the World*", Economic Report, 2012, p. 25, http: //www. ciett. org/fileadmin/templates/ciett/docs/Ciett_ Economic_ Report_ 2010. pdf.

① International Confederation of Private Employment Agencies, "*The Agency Work Industry around the World*", Economic Report, 2012, p. 24, http: //www. ciett. org/fileadmin/templates/ciett/docs/Ciett_ Economic_ Report_ 2010. pdf.

四、国外人力资源服务业发展的主要特点

作为充满活力的新兴产业，国外人力资源服务业发展呈现出以下几个特点。

（一）各级行业协会作用突出

在国外人力资源服务业的发展过程中，各级行业协会发挥着十分重要的作用。国际私营就业机构联合会（ICPEA）是人力资源服务业国际一级的行业组织，1967 年成立于法国，目前总部位于比利时。联合会在塑造私营就业服务业的积极形象和提升行业标准方面起到了重要作用。同时，在推动与行业有关的新的立法时，联合会积极与相关各方进行协商，反映会员的意见和要求，保护会员的利益。为了更好地代表会员的利益，它始终与国际劳工组织、欧盟、经济合作与发展组织等保持着密切的联系，积极参与国际劳工标准的制定工作并在这个过程中充分反映会员的呼声，对劳工组织制定与私营就业机构有关的国际劳工公约产生了重要和深远影响，使私营就业服务机构从被严格禁止到初步放开直至合法化并得到政府的支持。

在国际私营就业机构联合会外，还有一些专业性国际组织，如国际猎头协会。加入国际猎头协会既是一种无形资产，也具有强大的品牌效应。因此，国际猎头协会对申请加入的猎头公司的成立年限、办公场所、雇员数量、年经营收入等方面都有严格的条件规定。协会成员如有不诚信或违法违规行为，会被国际猎头协会警告甚至清退。在国家层面上，有些国家也成立了全国性的协会组织。俄罗斯于 2004 年成立了国际劳工移民协会（IALM），包括来自俄罗斯、塔吉克斯坦和摩尔瓦多的 70 多个私营招聘机构，其主要任务是通过推动和建立协商组织，积极参与政策对话，开发“文明”的劳动力流动方式。

（二）企业更加注重诚信自律建设

国外私营就业服务业经过了近百年的发展才取得了合法地位，这既与劳动力市场外部条件的变化有关，同时也是私营职介机构不断加强诚信自律建设的结果。目前，国际私营就业机构联合会制定了全体成员一致同意并共同遵守的全球行为准则。主要内容包括 10 项行为规则：（1）遵守社会伦理和职业操守；（2）遵守法律；（3）与劳动者合同条款透明；（4）不向求职者收取费用；（5）重视工作岗位的安全；（6）重视人力资源市场的多样性，禁止歧视；（7）重视员工的权利；（8）遵守商业秘密；（9）重视专业知识和服务质量；（10）遵守公平竞争原则。①

国际私营就业机构联合会要求各国的准则要体现国际私营就业机构联合会准则的精神，也可以超出其制定的基本标准范围，比如自愿性条款可以包括集体谈判和其他雇主与工人合作共同规范私营就业服务业行为的内容。为了改变自己的负面形象，很多国家的行业协会也制定了自己的行为准则，通过自我约束机制，促进良好的经营行为。比如，加拿大成立了加拿大寻访、就业和职工安置服务协会（ACSESS），其目的是保证行业内的职业道德

① Code of Conduct, http://www.ciett.org/index.php? id=30.

标准和良好行为。人力资源服务机构制定企业内部的道德准则和行为规范已经成为一种通行做法，并且构成了企业文化的重要组成部分。还比如，美国 ADP 公司制定了员工道德规范、公司管理层及高级财务官员的道德规范。瑞士德科集团规定，如发现违反集团行为准则的行为时，员工可以通过访问集团纪律和道德行为网站，以在线报告的方式联系集团纪律办公室，也可以在任何时候拨打集团纪律和道德行为热线。这些电话热线，由独立的公司运营，一周 7 天、每天 24 小时不间断地工作，并提供翻译服务，以确保揭露违规行为的通道畅通。①

（三）企业规模不断扩大

近年来，国外人力资源服务业企业规模不断扩大，并且呈现出国际化加速发展的趋势，许多跨国的人力资源服务机构遍布世界各地。如万宝盛华拥有全球人力资源服务行业最大的服务网络，覆盖全球 82 个国家或地区，拥有将近 4400 家分支机构，每年满足超过 40 万家客户的需求。德科集团目前在全球 60 个国家设有 5500 个分支机构，有 3.3 万名工作人员。任仕达 2011 年在全球 43 个国家和地区设有 4500 多个分支机构，雇用员工 3 万人，每天为超过 57.6 万名求职者提供工作岗位。韬睿惠悦 2010 年在 34 个国家开展经营活动，在全球拥有超过 1.4 万人的专业团队。

（四）企业的经营实力不断提高

经过多年发展，很多人力资源服务机构的经营实力也进一步提升。比如成立于 1969 年的光辉国际，经过 40 多年的发展，成为一家全球领先的高管搜寻机构。公司在 40 多个国家设有 76 家办事处，其数据库里存储有 700 万名管理人才的信息。光辉国际有近 500 名全球咨询顾问，他们具有广泛的知识背景和专业素养，熟悉不同的行业、部门和职能领域，包括医疗与生命科学、快速消费品与零售、金融服务、工业、技术和政府部门 6 个领域。目前他们已创建了 30 多个高度专业化的不同行业、部门和职能专家中心的全球咨询网络。

（五）通过标准化管理进一步提高服务质量

为了在激烈的市场竞争中保持优势，很多人力资源服务企业通过内部的标准化管理提升服务质量。比如美国的凯利服务公司（Kelly Service）通过了国际标准化管理组织的 ISO9000 质量管理认证和 ISO9002 质量体系认证，关注重点是顾客满意度。德国 500 强企业、全德第二大人力资源服务公司霍夫曼公司通过了 ISO9001、ISO2000 认证。万宝盛华集团 1991 年开始在全部分支机构开展 ISO9000 质量标准认证，这一年万宝盛华集团英国公司第一个通过认证。服务流程的优化与标准化大大提高了潜在用户对企业的信任度，有利于进一步加大市场开拓力度。

---

① Reporting Issues and Concerns，http：//www. adecco. com/en-US/About/Documents/Code% 20of% 20Conduct. pdf.

五、国外人力资源服务业发展经验对我们的启示

人力资源和社会保障部副部长信长星认为，更高质量的就业主要是指“充分的就业机会、公平的就业环境、良好的就业能力、合理的就业结构、和谐的劳动关系等”。依此定义，人力资源服务业则主要是从公平的就业环境、良好的就业能力、合理的就业结构来促进高质量就业的实现。

（一）制定促进人力资源服务业发展的规划和产业政策

目前，在国家层面上人力资源服务业已被写入国民经济和社会发展规划纲要，并作为鼓励类发展产业正式列入国家产业目录。下一步，应制定具体的人力资源服务业发展规划和产业政策，采取多种措施对这一新兴产业加以扶持。具体来说，这些政策和措施应该包括如下方面。

1. 加大投资、融资支持力度

从国外的发展经验和我们的实际情况看，在信息化时代加强新产品的开发和研究，创建功能强大的信息系统是提升企业市场竞争力、保持发展后劲的重要保证。新的服务内容和手段，信息系统强大的服务能力以及为客户带来的巨大价值已经成为人力资源服务企业的核心竞争力，也是客户评估其服务能力的重要标准之一。而这些都需要大量的资金投入，国际著名的人力资源服务企业每年都在新产品开发、信息系统的更新和维护上耗费巨资。相比之下，我国本土企业主要是中小企业，由于融资困难，在这方面实力严重不足。

所以，政府应出台扶持政策，促进金融机构与人力资源服务业项目的对接，支持人力资源服务企业利用资本市场进行直接融资，提高融资能力，多渠道筹措发展资金。鼓励各类创业风险投资机构进入人力资源服务业，促进中小人力资源服务企业的发展。改善人力资源服务业的投资环境，鼓励民营资本以独资、合资、收购、参股、联营等多种形式，进入人力资源服务领域。

2. 加大财政、税收支持力度

在我国人力资源服务业里，小、微企业所占比重很大，他们普遍反映税赋重、压力大，所以有必要在它们建立和成长的初期在财政和税收方面予以扶持。对于比较有发展前景的人力资源服务企业，安排服务业发展专项资金和引导资金，综合运用贷款贴息、经费补助和奖励等多种方式支持它们发展壮大。还应对人力资源服务业各个领域征税对象进行全面摸底，研究制定具体办法，消除服务中间环节的重复征税问题，实行差额征税，减轻中小企业的纳税负担。

3. 鼓励人力资源服务企业扩大经营规模

从国外人力资源服务机构的发展历史看，激烈的市场竞争促使人力资源服务企业主动整合、优势互补、形成合力，因此，企业间的兼并、重组等方式是企业扩张和产业发展的

重要途径。同等规模企业的强强联合，实现优势互补，很快实现全球化运营的飞跃；大企业对小企业的收购、兼并，进一步扩展竞争实力，这种成功的案例处处可见。在国内，特别是人力资源市场化程度比较高的上海也有类似情况。

分析国内外的经验和做法，在我国人力资源服务业的发展过程中，应鼓励各类企业通过多种方式进行资产重组和资源整合。支持企业按照优势互补、自愿结合的原则，通过兼并、收购、重组、联盟等方式，集中资本、技术、人才等要素打造集团化、规模化、品牌化运作的人力资源服务企业集团，建立一批实力雄厚、影响力大、辐射力强、具有国际竞争力的人力资源服务“龙头企业”。

4. 鼓励企业提高专业化水平和自主创新能力

从目前国外人力资源服务业的发展趋势看，企业推出的服务产品技术含量越来越高。高品质、专业化的产品是直接关系企业生存和发展的决定性因素。应加强产业体系建设，引导企业发展中、高端服务项目，侧重客户导向，增加服务的技术含量和附加值。企业创新离不开高素质的人才队伍，要加大人力资源服务业国际化人才引进与培养力度，鼓励企业打造具有国际视野、熟悉掌握人力资源服务国际化知识和国际惯例、具有较强专业研究能力和市场开发能力的国际化人才队伍。

（二）加强人力资源服务业行业协会的作用

在市场化运作体制下，行业协会是联系会员与会员、会员与政府的桥梁。国际经验表明，各国的行业协会与国际私营就业机构联合会一起，在促进私营就业服务业发展方面起到了积极的推动作用。在市场化条件下行业协会发挥作用具有很大的工作空间，主要包括：发挥行业协会服务、代表、协调的职能，与政府有关部门合作，探讨规范人才市场；参与制定行业内部的行约行规，推进人力资源市场和谐发展；研究业态发展，反映行业诉求，掌握国际、国内行业发展趋势，帮助企业了解产业未来发展的方向，并决定其未来的业务创新和选择，为行业提供咨询及商机嫁接服务；在业内培育行业品牌，推进行业标准化建设；等等。

（三）推进人力资源服务业标准化建设

目前，我国已经出台的国家和地方级的人力资源行业标准比较少，而且由于这些标准在很大程度上还是一种倡导性的规范，缺乏标准的推行者和标准执行的约束力，所以执行情况也不能令人满意。在这种情况下，可以借鉴国外的做法，鼓励企业通过国际标准化管理组织的质量管理体系认证的方式，采用系统的方法优化整个服务流程，实现服务流程标准化，从而提高服务效率，保证服务质量。

人才服务行业运用国际标准化质量管理标准的优点是，在管理层面上，它是工作程序系统化、分清角色和作用的实际方法，也是优秀管理体系的基础。在经济层面，许多顾客将国际标准质量认证作为选择潜在产品和服务的最基本筛选工具。在文化层面上，不同类型的管理者文化方式各不相同，遵循这些标准，在文化上可以被更多的人接受。

（四）鼓励人力资源服务企业加强自律

从国际经验看，建立公平有序的市场秩序一方面要加强政府的监督和管理，另一方面则是鼓励人力资源服务企业加强自律，守法合规，诚信经营。国外人力资源服务业经过了近百年的发展才为政府和社会所认可和接受，其中一个非常重要的原因是由于有些企业在提供服务时没有做到规范经营，甚至有虚假和欺诈行为。为了生存和发展，企业不得不重塑形象，加强自律。目前在国外，制定和遵守从业人员行为规范和道德准则已经成为各级行业协会与企业的共识和通行做法。我们可以学习国外经验，在加强政府监管作用的同时，引导和鼓励企业制定行为规范和道德准则，自觉维护人力资源市场秩序。

参考文献

[1] 中国就业促进会赴欧洲考察团：《欧洲私营职业中介机构发展与人力资源市场管理新趋势（上）》，《中国就业》2007 年第 10 期。

[2] 中国就业促进会赴欧洲考察团：《欧洲私营职业中介机构发展与人力资源市场管理新趋势（下）》，《中国就业》2007 年第 11 期。

[3] International Confederation of Private Employment Agencies, "*The Agency Work Industry around the World*", Economic Report, 2012, http://www.ciett.org/fileadmin/templates/ciett/docs/Ciett_ Economic_ Report_ 2010.pdf.

[4] International Labour Organization, *Private Employment Agencies, Temporary Agency Workers and Their Contribution to the Labour Market*, 2009, http://www.ciett.org/fileadmin/templates/ciett/docs/Public_ Affairs/ILO_ C181_ WPrEA_ 2009.pdf.

[5] HRoot:《2011 年全球人力资源服务机构 50 强》，2011 年。

[6] 萧鸣政：《中国人力资源服务业白皮书》，人民出版社 2011 年版。

[7]《以战略眼光推进人力资源服务业加快发展》，《中国组织人事报》2012 年 7 月 23 日。

International Perspective on the Development of Human Resource Services

Mo Rong, Chen Yuping

Abstract: The 18th National Congress of the Communist Party of China has raised the objective of promoting higher-quality employment and points out new directions for improving employment services and human resource market. Labour force and enterprise are defined as the supply and demand in human resource market which is further realized by human resource services, including public employment services and private employment services. Along with the reform and opening up process, human resource market in China within the 30 years has developed into a diversified and multi-lateral service system in which public and private employment services coexist with various services institutions. As an independent service industry, human resource services have gained an increasingly important role in social and economic development in China but sill face some problems in the early stages. For the purpose of improving China's human resource services to achieve the object of higher-quality employment, this article analyzes the development and of human resource services abroad from an international perspective in order to draw upon their experiences to contribute to the development of human resource services in China.

Key words: human resource services, private employment services, ICPE

（编辑：孙世鳌）

事业单位的行政化与人才激励：美国国家标准和技术研究所的管理与启示

李建钟*

［摘要］“政事分开、去行政化”，是我国事业单位改革的重要政策目标。从人才激励的角度来看，去行政化的一个重要原因是行政化被认为是事业单位“官本位”激励模式的根源，其应对之策是市场化导向的以单位赢利为基础的绩效分配模式，但这一改革与事业单位公益性存在冲突。美国国家标准和技术研究所（NIST）作为美国成立最早的公共科研机构，其人事、财务均采用美国联邦行政部门的管理方式，实行完全的“行政化”管理，但并不存在中国式的官本位激励问题，由此可以验证行政化与官本位并不具有必然的联系，其人才激励的制度设计亦可为中国事业单位改革提供借鉴。

［关键词］ 事业单位　行政化　人才激励　美国国家标准和技术研究所

一、事业单位行政化背景下的激励假说

事业单位的行政化，一般被认为是按照行政机关模式管理事业单位的方式或倾向。在行政化背景下，关于事业单位人才激励的一个基本假设是：行政化带来官本位。其中，事业单位的激励资源（工作待遇、经济待遇和社会地位等）按照管理职务的等级进行配置，行政职务晋升成为事业单位最重要、最有效的激励方式，“学而优则仕”成为事业单位人才职业发展的理想模式。这一假说似乎为事业单位的人才激励实践所验证。事业单位的行政化和“官本位”造成人才评价准则和激励导向的偏差，使公共服务所需要的专业能力、创新精神和业绩贡献等得不到充分尊重和激励，成为中国事业单位管理和人才激励迫切需要解决的关键问题之一。

为解决行政化和“官本位”所带来的专业人才激励不足、公共服务效率低下等问题，20世纪80年代以来，一种新的管理模式或激励假设被应用于事业单位的改革实践——通过政事分开和市场化服务激发事业单位及其工作人员的工作动力，以弥补“官本位”激励机制的缺陷。政府鼓励事业单位面向社会提供市场化或营利性服务，单位和个人可依靠自身能力或政策扶持，获得市场服务收益，并直接用于单位和个人的收入分配。这种盈余直接

* 作者系中国人事科学研究院事业单位人事管理研究室主任，研究员。

分配的方式，作为事业单位“官本位”之外的又一重要的激励模式，成为激发事业单位的规模扩张和效率提升的重要动力来源。在行政化与市场化、“官本位”和营利性两种激励假设或模式的比较中，市场化激励机制被认为是“官本位”机制的可行的替代模式，成为占主导地位的政策选择，政事分开、去行政化、取消行政级别成为重要的政策目标。但是，营利性、市场化激励的根本问题在于，它与事业单位的公益性目的存在内在的、根本的冲突，导致事业单位面临着严重的功能危机。显然，这一激励模式并非事业单位行政化、“官本位”人才激励的有效的、合理的替代机制。一种更加尴尬的现实是，在事业单位，“官本位”的影响并没有明显的消退，同时市场化激励带来的营利冲动却已经引发谋私、腐败的不断蔓延。事业单位利用公共权力、公共资源、政策优惠和垄断地位等优势条件追求单位和个人利益，正成为值得警惕的社会问题。显然，事业单位分类改革不仅应解决去行政化的问题，还需要解决市场化和营利化的问题。对事业单位和社会公众而言，后者可能更为重要。

美国国家标准和技术研究所隶属于美国商业部。作为美国联邦政府部门直属的公共服务机构，与我国政府部门所属事业单位具有高度的相似性。其管理是否采用行政化模式、在行政化模式下如何保持有效的、专业和业绩导向的人才激励效应，对我国事业单位的改革具有重要的参照价值。

二、美国国家标准和技术研究所的管理

美国国家标准和技术研究所成立于1901年，前身是美国国家标准局。1913年，根据美国国会《国家标准和技术研究所法》，该局更名为国家标准和技术研究所，直属美国商业部，其使命是从事科学测量标准和技术的研究，目的是提高美国的创新力和工业竞争力，促进美国经济安全，提高国民生活质量。

（一）美国国家标准和技术研究所概况

美国国家标准和技术研究所拥有2900多名科学家、工程师、技术人员和支持人员，每年国家标准和技术研究所还为政府机构、企业和学术机构2600多名人员提供研究平台，在全国拥有1300名制造专家和350名制造业扩展伙伴项目人员。2734名国家标准和技术研究所工作人员在234公顷的盖瑟斯堡总部工作，有368名在卵石城工作，16名人员在查尔斯顿霍林斯海事实验室工作。每个地方都接受研究生和博士后。2000年以来，国家标准和技术研究所共有3名科学家获得诺贝尔奖。

国家标准和技术研究所的科学家和工程师每年发表专业期刊文章和技术报告大约2000篇。国家标准和技术研究所拥有1300种标准参考资料（SRMs），2011年向美国和全球产业界提供了3.2万份资料。国家标准和技术研究所每年执行1.8万次校准试验，并接受800次公共和私人机构委托的校准测试和实验。

（二）美国国家标准和技术研究所的机构性质和职能

根据美国联邦法律，美国国家标准和技术研究所被定义为“联邦非监管机构”（a nonregulatory federal agency)，即国家标准和技术研究所属于美国联邦政府的一个组织机构，但不具行政监管权力。

《国家标准和技术研究所法》明确规定了国家标准和技术研究所的职能、目标和研究领域。具体内容包括：通过开发技术和程序，在自动化、电子技术、新材料、生物技术和光学技术领域，提高产品质量，改进制造流程，确保产品可靠性、可制造性、功能性和成本效益，加速技术商业化，为美国全国的中小公司服务；开发建设和保管国家测量标准，提供与这些标准一致的测量技术和方法，将科学调查、工程、制造业、商业、工业和教育机构使用的标准与联邦政府机构使用的标准进行比较，促进私人调查机构开发的各类标准的使用；根据国际、国内科学技术的发展，为美国工业界、政府、教育机构等提供信息和技术服务；协助工业界开发测量技术和方法，就科学和技术问题向政府和工业界提供咨询等；构建物理标准，测试、校准和证明标准及标准测量仪器；研究和提高测量仪器、方法、工业流程控制和质量保障技术；与各州合作，保证度量衡监管法律和方法的一致性；准备、证明和销售标准参考资料以便利用，确保化学分析、物理及其他材料测量的精确性。

国家标准和技术研究所被授权为美国政府、国际组织（该组织应有美国）、友好国家政府、美国的任何州和市政府、美国和友好国家的科学协会、教育机构、公司、企业和个人等提供服务。①

（三）美国国家标准和技术研究所的管理特征

国家标准和技术研究所作为规模较大的政府科研机构，具有履行研究职能所需的各项业务权力，如签订合同、开展合作研究；为实现法律目的从产业界接受研究合作、现金捐赠、设备捐赠，并与产业界合作研究开发新的基础技术；销售技术标准参考资料等。但作为商业部的直属机构，国家标准和技术研究所完全采用美国联邦行政部门的管理方式。

1. 资产属于商业部

独立的资产和财务被认为是具有法人资格的必要条件。但法律规定国家标准和技术研究所的所有资产属于商业部，商业部对其财务进行管理监督。国家标准和技术研究所需遵守商业部所制定的关于费用支出、标准销售、资金往来等的财务规定。国家标准和技术研究所的预算是美国总统年度财政预算的一部分。国家标准和技术研究所应在总统向国会递交的年度预算报告的同时，也向国会提交研究所研究和服务、研究设施建设的预算计划，按照政府预算程序进行。

2. 所长由总统任命

国家标准和技术研究所并未实行理事会等法人治理模式，而是采用直接的行政管理方式。法律规定，其所长由美国总统提名并经参议院同意后任命，所长兼任商业部副部长，是政务官。国家标准和技术研究所虽然拥有若干咨询委员会，但不具管理权。国家标准和

---

① The National Institute of Standards and Technology Act (15 U. S. C.).

技术研究所的领导人员包括所长、三位副所长或助理所长（分别负责实验室项目、创新和产业服务、管理资源）、幕僚长（研究所办公室主任）和首席法律顾问等。

3. 适用联邦文官管理法规

国家标准和技术研究所工作人员属于常任制、竞争性职位的联邦雇员，国家标准和技术研究所的人员招聘、职位分类、工资、考核、纪律等完全适用美国法典有关公务员管理的规定，并遵守联邦人事总署的有关命令。国家标准和技术研究所的人事管理自主权也受到法律的严格限制。法律规定，除所长外，研究所的其他人员由商业部长负责任命和管理；研究所内部主要的机构改革①和大规模人员调整后 15 天内，应由商业部长向众议院科学委员会和参议院商业、科学和交通委员会及拨款委员会报告。

4. 经营行为受到严格管制

法律对国家标准和技术研究所的收费经营行为进行了严格管制，规定国家标准和技术研究所调整收费标准应经国会两院同意。研究所所长应向国会说明标准参考资料和校准服务费用政策变化的原因，包括政策变化所带来的预期影响的描述、资料和服务收费变化后的收入预期等。除非所长将其建议和说明呈报给国会，并经国会两院批准，否则收费政策变化无效。此外，法律还专门规定，研究所不得在没有法定授权机构批准的情况下，对使用其设施、设备的合作单位实施收费。

1950 年 6 月 29 日，美国国会设立了国家标准和技术研究所工作资本基金（working capital fund），用于研究所的运行，基金可以获得非联邦的财政资源。但在每一个财政年度结束时，基金运作的全部收益要纳入财政部的总基金之中。商业部在基金拨款的范围内可以将基金用于为研究所购买土地、建造或维修房屋等工程。在基金使用过程中，研究所重大项目的变更必须按规定向众议院和参议院的拨款委员会报告，同时应向众议院科学委员会和参议院商业、科学和交通委员会报告。

从以上分析可以看出，国家标准和技术研究所完全采用美国联邦政府行政部门的管理模式。国家标准和技术研究所无资产处置权、无定价权、无重大项目和人员的处置权、无收益使用分配权，需遵守政府预算、财务管理规定，具有非营利性的特点，受到商业部和国会的全面监督。在人事、分配、财务、经营等方面，其管理自主权小于中国的事业单位。

三、美国国家标准和技术研究所的人才激励

国家标准和技术研究所采用美国行政部门的管理方式，至少在名义上没有人财物的自主管理权，又没有实行创收与绩效工资相联系的市场化激励模式，是否与中国事业单位一样存在“官本位”激励的问题呢？答案是否定的。

根据 1987 年国会授权法案，国家标准和技术研究所建立了联邦人事管理示范项目，作

① 主要的机构改革是指研究所涉及的超过 25%人员调整的改革。

为美国联邦政府可选择性的人事管理制度。1996年3月7日，根据1995年《国家技术转化与促进法》，这一示范项目已经成为一个永久性制度，成为国家标准和技术研究所“人事管理示范项目”（APMS）。APMS确立的基本理念是市场敏感性和竞争力、绩效工资、行政精简、管理灵活、预算中立和更大的政府适应性。其目的是促进高质量的人事雇用和更有效的薪酬保障，以留住高绩效的人才。APMS在工资、职位分类、人员招聘、资格考试、人员保持、绩效管理、雇员发展和雇员关系等方面都采取了相应的措施。APMS在制度设计上强调招聘和保留高质量的人员队伍，提供更有竞争力的薪酬，将工资与绩效挂钩，简化职位分类，理顺工作流程，改进人事管理以及进行更快更开放的人员招聘，增加管理者在人事管理方面的角色和责任，同时促进这一制度在其他联邦机构的运用。①

（一）更灵活的入门工资

通过以机构为基础的招聘，国家标准和技术研究所增强在劳动力市场的竞争力。经人事总署批准，国家标准和技术研究所建立了自己的申请人登记网站，可不使用人事总署的网站，能通过直接招聘解决稀缺职位的招聘难题。在招聘人才的过程中，国家标准和技术研究所可以采取更灵活的入门工资、新人津贴和更加灵活的付费广告等方式。不过，国家标准和技术研究所和商务部一样，需遵守联邦政府关于招收退伍军人的优惠政策以及其他联邦招聘政策。

（二）更便捷的职务晋升

根据“人事管理示范项目”（APMS），国家标准和技术研究所在实行联邦政府统一的公务员职位分类和行政级别的基础上，对职位类别和等级进行简化。一是建立四类职业通道，按工作、资格条件、工资幅度等，将联邦各类职位综合简化分为四类：科学和工程专家类（ZP）、科学工程技术人员类（ZT）、行政专家类（ZA）、行政支持类（ZS）。二是将联邦政府公务员GS1—15级的职务等价（行政级别）按照宽带薪酬的原则简化为五等，但不同职类由于其重要性不同，每一等级具体对应的GS等级范围不同。

科学和工程专家及行政管理专家：第Ⅰ等对应GS1—6级，第Ⅱ等对应GS7—10级，第Ⅲ等对应GS11—12级，第Ⅳ等对应GS13—14级，第Ⅴ等对应GS15级（最高级）。

科学和工程技术职类：第Ⅰ等对应GS1—4级，第Ⅱ等对应GS5—8级，第Ⅲ等对应GS9—10级，第Ⅳ等对应GS11—12级，第Ⅴ等对应GS13级（最高级）。

行政支持职类：第Ⅰ—Ⅴ等分别对应GS1—10级中的两级，如第Ⅰ等对应1—2级，第Ⅱ等对应3—4级②（见表1）。

---

① *Alternative Personnel Management System (APMS) at the National Institute of Standards and Technology*: *Federal Register*, Vol. 73, No. 136, Tuesday, July 15, 2008, Notices.

② NIST Career Path Chart.

表1　国家标准和技术研究所职位类别、等级及其与一般行政级别的对应

<table>
<tr><td>职类（CAREER PATHS）</td><td colspan="15">等级带宽（BAND）</td></tr>
<tr><td>科学和工程（ZP）</td><td colspan="5">Ⅰ</td><td colspan="5">Ⅱ</td><td colspan="2">Ⅲ</td><td>Ⅳ</td><td colspan="2">Ⅴ</td></tr>
<tr><td>科学和工程技术（ZT）</td><td colspan="4">Ⅰ</td><td colspan="2">Ⅱ</td><td colspan="4">Ⅲ</td><td colspan="2">Ⅳ</td><td>Ⅴ</td><td colspan="2"></td></tr>
<tr><td>行政（ZA）</td><td colspan="5">Ⅰ</td><td colspan="5">Ⅱ</td><td colspan="2">Ⅲ</td><td>Ⅳ</td><td colspan="2">Ⅴ</td></tr>
<tr><td>行政支持（ZS）</td><td colspan="2">Ⅰ</td><td colspan="2">Ⅱ</td><td colspan="2">Ⅲ</td><td colspan="2">Ⅳ</td><td colspan="2">Ⅴ</td><td colspan="5"></td></tr>
<tr><td>与 GS 的对应</td><td>1</td><td>2</td><td>3</td><td>4</td><td>5</td><td>6</td><td>7</td><td>8</td><td>9</td><td>10</td><td>11</td><td>12</td><td>13</td><td>14</td><td>15</td></tr>
</table>

这一设计对国家标准和技术研究所的专业人才具有重大的激励作用：一是该设计是对行政级别的简化，但并非取消行政级别，便于和其他公务员进行比较。二是与其他行政机关相比，行政级别的简化意味着国家标准和技术研究所工作人员入职定级起点更高，更容易晋职晋级，在政府行政体系中的地位相对较高，即当机关公务员不如当研究所的研究人员起点高、晋升快，这有助于抑制事业单位人员向往机关公务员身份的状况。三是各类职类最高等级设置体现了专家优先原则，如行政支持类最高等级只相当于 GS10 级，技术支持类则相当于 GS13 级，科学和工程及管理专家类为 GS15 级；行政支持类的三级只相当于专家类的一级，即在国家标准和技术研究所内部，各职类职业地位不同，对专业人才具有激励作用。

（三）更优厚的工资待遇

国家标准和技术研究所在实行与行政机关一样的 GS 工资表的情况下，工资标准更高。

一是与其他机关相比，同级人员工资标准国家标准和技术研究所更高。如 2011 年，联邦政府其他行政部门 GS1—5 级的基本工资为 17803—35657 美元，而国家标准和技术研究所科学和工程专家类 GS1—5 级工资为 22115—57121 美元，其最低工资比行政机关高 24%，最高则高出 60.2%，其优越性不言自明。

二是国家标准和技术研究所内部不同职类，科技专家类工资标准优于行政类。国家标准和技术研究所行政专家 GS1—5 级工资为 22115—52382 美元，其最高工资比同级科技专家少 4739 美元，少了近 10%。而国家标准和技术研究所行政支持类 GS1—5 级工资为 22115—49375 美元，高出其他行政机关同级行政人员 24%—38%，但最高工资比科技专家类低 6%。①（见图 1）

① http://www.nist.gov/hrmd/compensation/index.cfm.

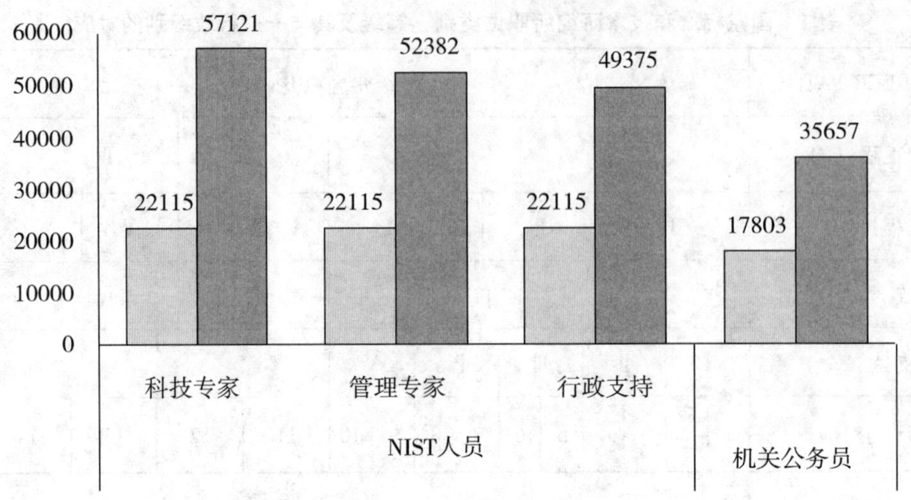

图 1　国家标准和技术研究所人员与行政机关同级公务员年工资比较（GS1—5 级，美元）

（四）管理人员实行临时补贴制

国家标准和技术研究所各职类的管理人员（supervisory）工资高于同等级其他人员。一是比同等级其他人员工资提高 6%。二是在科学和工程职类，新的管理人员可在基本工资的基础上增加 3%，部门负责人另外追加 3%。当个人不再承担管理职责的时候，这一工资差别即予取消。只有很少的情况下，前任管理人被允许保留工资差别。管理人员不实行职务和待遇终身制，其基本待遇以所在职类为准。

（五）实行绩效导向的薪酬政策

国家标准和技术研究所作为人事示范项目的实施机构，在遵循人事总署绩效管理原则的情况下，设计了自己的雇员绩效评估方法，并根据个人能力和绩效，在不同职类和级别工资带范围内，确定个人工资标准。

1. 评估要素

其关键因素为胜任力，以个人职位为基础。每个雇员的绩效计划包括最少两个或最多六个关键因素。由主管（supervisors）根据关键要素的重要性或时间要求进行评价。管理人员或主管（managers and supervisors）的绩效计划还应包括员工多样性这一关键因素，并且至少占 15 分。

2. 评估反馈

主管对雇员的绩效计划进行年中检查，告诉雇员他们取得的成绩和存在的缺点。在必要时修改他们的绩效计划。

3. 自我评价

在绩效评级过程中，雇员要向主管（supervisors）提交成绩信息表。

4. 考核定级

考核的等次分为两级：合格和不满意。分数为0—100。雇员如果得到40分以上为合格，低于40分为不满意。

5. 二次评价

目的是要根据考核结果决定雇员的工资和奖励。由工资管理人员（pay pool managers），对主管转交的建议分数进行评价，同时确定每个雇员的工资。如果工资管理人就是主管本人，他应把现有考核决定递交各给上级官员（the next higher official）进行评估。最后由单位领导（the organizational unit director）对奖励决定和其他的考核决定作出批准。

6. 申诉程序

如果雇员对绩效定级、分数和工资增长存在抱怨或争议，可按照商业部的申诉程序或调解程序解决。

（六）完善的福利保障

国家标准和技术研究所奉行这样的理念——机构的卓越绩效依靠具有卓越绩效的员工。通过可选择的人事管理体系，国家标准和技术研究所为员工提供了具有竞争力的薪酬和福利计划，吸引和保留优秀的人才。下列表2、表3提供了国家标准和技术研究所福利计划的主要内容：①

表2 国家标准和技术研究所福利计划表

福利	付费人	享受资格	得到的收益
退休计划	国家标准和技术研究所和雇员	从就业的第一天开始	收益取决于个人服务年限和最高3年的平均工资。联邦退休制度还提供死亡和长期伤残福利。适用联邦公务员主要保障制度，如CSRS体系、FERS体系、社会保障、医疗保障
节约储蓄计划	国家标准和技术研究所和雇员	工作后第一个完整工资期	这是一个享受税收延期优惠的退休储蓄账户

① http：//www. nist. gov/hrmd/benefits/index. cfm.

续表

福利	付费人	享受资格	得到的收益
联邦雇员卫生福利计划（FE-HBP）	国家标准和技术研究所支付大约70%，雇员支付剩下的	工作后第一个完整工资期	包括多种服务和收益
联邦雇员群体人身保险（FEGLI）	国家标准和技术研究所和雇员	工作第一天	基本人身保险覆盖范围自动覆盖所有人，雇员还可以选择自身或家庭的其他人身保险
灵活支付账户（FSAs）	雇员	工作后第一个完整工资期	是针对健康的税收优惠项目
联邦长期关怀保险项目（FLTCIP）	雇员	工作后第一个60天的任何时候	为个人由于长期患病、受伤、残疾或衰老而不能进行日常工作提供的帮助和关怀
联邦雇员牙和视力保险计划（FEDVIP）	雇员	工作后第一个完整工资期	由联邦雇员集体购买的优惠商业险
灵活工作时间	国家标准和技术研究所支付全部工资	工作第一天	在主管批准的情况下，雇员可以采取灵活的工作时间
年休假	国家标准和技术研究所支付全部工资	工作第一天	年休假的时间根据为联邦服务的时间确定，头3年中，雇员的年休时间为每两周4小时，年休期间支付工资
病假	国家标准和技术研究所支付全部工资	工作第一天	联邦雇员每两周有4小时的病休和医疗诊断时间
节日	国家标准和技术研究所支付全部工资	工作第一天	根据联邦节假日确定，每年10天

表3　国家标准和技术研究所雇员的其他服务

福利	收益
奖金	国家标准和技术研究所对优秀雇员提供不同的奖励
儿童保育服务	为不同年龄的儿童提供在岗服务
合作银行	在优惠利率下提供的金融服务，包括个人和家庭股票、贷款和储蓄服务等
雇员帮助计划（EAP）	为雇员和家庭提供保密的、免费的心理咨询和转诊服务
雇员协会	国家标准和技术研究所支持雇员成立各种健康、娱乐和社会活动的团体
雇员支持小组	有各种各样的小组为个人提供支持

续表

福利	收益
家庭友好假期政策	在一定情况下，为家庭活动提供假期，包括支付工资和不支付工资的
兼职雇员服务	在主管批准下，兼职雇员可以获得一定的福利待遇
远程办公	在主管批准的情况下可以在家办公或通过卫星工作中心工作
交通服务	交通服务包括交通津贴和免费班车

国家标准和技术研究所的人事管理示范项目取得了良好的效果。美国联邦人事总署的调查表明，国家标准和技术研究所工作人员对薪酬的满意度、对管理者的信任度、对绩效管理的认可度均高于其他未实行此项目的行政部门。①

四、对中国事业单位改革的启示

美国国家标准和技术研究所为我们提供了行政化条件下事业单位人才激励的重要案例。仅从国家标准和技术研究所多名科学家能够获得诺贝尔奖的角度，可以说其管理模式是成功和可借鉴的。结合中国事业单位改革所依据的人才激励假说，国家标准和技术研究所的管理可为我们提供以下思考和借鉴。

首先，在公共机构统一的管理模式下，存在减轻或消除“官本位”激励的可能性。美国国家标准和技术研究所在资产、项目、财务、人员等管理的行政化并未影响其职能的发挥，说明行政化管理模式本身与科研机构的管理并非存在天然的冲突。美国国家标准和技术研究所通过四类职业通道的划分及对联邦行政级别的简化，确立了科学和工程专家在国家标准和技术研究所和整个联邦政府公务员队伍中的优越地位，其行政级别晋升更快，工资待遇大大高于联邦同级公务员，在物质和精神两个方面都具有极强的激励效应，在行政体系内形成了“专家本位”的激励的导向，有效地消除了“官本位”激励的价值倾向。

其次，将事业收益直接用于事业单位绩效分配的市场化激励模式并非事业单位激励制度改革的必然选择。国家标准和技术研究所的收益纳入财政部基金，并受到主管部门和立法机关的严格监督，其工资、科研项目则由国会通过立法和财政预算予以保障，宽带工资制度为绩效导向的分配政策奠定了基础，避免了科研机构为创收而盲目争取资金、项目的问题。如 2012 年，国家标准和技术研究所直接财政拨款为 7.5 亿美元，从其他机构获得项目经费约 1.3 亿，预算外经费占科研经费总额的比例仅为 15%，有助于保障其法定职能的履行和科研质量的提高。

最后，国家标准和技术研究所的管理经验说明，中国事业单位行政化所带来的人才激

① U. S. Office of Personnel Management, Implementation Report National Institute of Standards and Technology Personnel Management Demonstration Project, Washington, D. C., Aug. 18, 1989. Summative Evaluation Report National Institute of Standards and Technology Demonstration Project: 1988-1995, Washington, D. C., June 27, 1997.

励等问题，根源在于行政组织管理制度本身存在的弊病，其关键问题是行政组织职位分类制度未能真正建立，行政组织管理的法制化程度不高，行政权力缺乏约束，需要通过深化行政体制改革予以解决。事业单位作为公共服务机构，承担着政府公共服务的重要职能，在行政组织管理体制改革不到位的情况下，通过“政事分开”解决其运行机制和人才激励问题，虽不失为一种现时的选择，但其理论原理尚需进一步研究，其政策效果还需改革实践的进一步检验。

参考文献

[1] 王名扬:《美国行政法》，中国法制出版社 2005 年版。

[2] 王晓初:《深化人事、收入分配和养老保险制度改革，促进事业单位科学发展》，《中国机构改革与管理》2012 年第 4 期。

[3] 王东明:《分类推进事业单位改革，不断满足人民群众公益服务需求》，《求是》2011 年第 17 期。

[4] 世界银行：《中国：深化事业单位改革改善公共服务提供》，中信出版社 2005 年版。

[5] [美] 詹姆斯·威尔逊:《美国官僚政治：政府机构的行为及其动因》，张海涛等译，中国社会科学出版社 1995 年版。

[6] [美] 琼·派恩斯:《公共和非营利性组织的人力资源管理》，王孙禺等译，清华大学出版社 2002 年版。

[7] Ali Farazmand, *Strategic Public Personnel Administerization*: *Building and Managing Human Capital for the 21st Century*, An Imprint of Greenwood Publishing Group, Inc. 2007.

[8] Hal G. Rainey, *Understanding and Managing Public Organizations*, John Wiley & Sons, Inc. 2009.

[9] Philip Kotler, Nancy Lee, *Marketing in the Public Sector*: *A Roadmap for Improved Performance*, Wharton School Publishing, New Jersey, October 2006.

[10] Performance Management and Incentive Awards Division of OPM, *A Handbook for Measuring Employee Performance*, 2001.

Administerization and Employees' Motivation in Public Institutions: Based on Practices of National Institute of Standards and Technology (NIST)

Li Jianzhong

Abstract: Separating Public Istituions (PIs) from the Administrative Departments is an important objective of PIs reform in China. The reason for reformation is due to the fact that administerization is regareded as a source of the Official-preferential motivation model in PIs. The response to the above motivation model is a market-oriented performance-based pay system in which the profits of PSO's service fees are distributed directly to employees. However, the problem of the alternative motivation model is that the marketing earnings distribution conflicts with its non-for-profit nature of PIs. National Institute of Standards and Technology (NIST), as one of the nation's oldest public science institute in U. S., adopts administerization management model from American federal administrative departments and the administerization does not lead to Official-preferential motivation in NIST. Therefore, it proves that administerization does not inevitably lead to Official-preferential motivations. NIST's Practices have provided important experiences for designing employee's incentive model in the reform of PIs in China.

Key words: public institutions, administerization, employee's motivation, NIST

（编辑：孙世鳌）

新西兰社会住宅改革及启示*

高　乐**

［**摘要**］ 面对国家住宅危机与非国宅社会住宅窘况，新西兰中央政府于2010年启动社会住宅改革，其内容包括国家住宅评估体系改革、住房管理机构调整、多元化供给模式构建等。改革的当前成果包括更科学的国家住宅分配机制、更有效的行政运作机制及初见雏形的多元参与机制等。探究此次改革，对我国住房保障制度建设具有如下启示：分工明确以提升效能，科学评估以确保公平，多元参与以改善状况。

［**关键词**］ 住房保障　社会住宅　新西兰

在新西兰，住房保障制度被明确定义为：保障“新西兰人以不超过其总收入30%的金额获得住房”①的一套制度设计。它的核心运作体系为社会住宅供给机制。所谓社会住宅（Social Housing），是指由政府或社会部门修建，以低于市场租金的价格出租给低收入者的保障性住宅。社会住宅的供给主体包括三类：中央政府、地方政府与第三部门。由中央政府提供的社会住宅又被称为“国家住宅”（State Housing），它由皇家公共机构——新西兰房屋署（Housing New Zealand Corporation，HNZC）持有并全权管理。地方政府与第三部门提供、持有及运作的社会住宅并无官方称谓，因与国家住宅相对，亦可被称为“非国宅社会住宅”。②新西兰社会住宅的发展已逾百年，历经数次重大改革。从2010年至今，一场以彻底改变国家住宅在住房保障领域的寡头垄断地位、培育与促进社会住宅多元参与体系为核心内容的新改革正在持续进行，此即社会住宅改革。经此改革，一套由中央政府、地方政府、社会公众等多方力量共同参与的社会住宅运作机制已逐渐成形。本文将就这次改革的动因、举措及当前的运作机制进行阐述，并探究这次改革对我国住房保障制度建设的启示。

---

* 本文系国家行政学院课题“国外保障房建设及经验”阶段性成果之一。

** 作者系中国政法大学政治与公共管理学院硕士研究生在读。

① CHRANZ, *Affordable Housing in New Zealand*, Wellington: Centre for Housing Research, Aotearoa New Zealand, 2006.

② Murphy L., “Market Rules: Neoliberal Housing Policy in New Zealand”, in Glynn, S. (eds), *Where the Other Half Lives: Lower Income Housing in a Neoliberal World*, New York: Pluto Press, 2009, p. 202.

一、社会住宅改革的缘起

经济与财政问题是导致新西兰社会住宅改革的核心因素。一方面，受信贷市场刺激而暴涨的新西兰房市泡沫①因2008年的美国次贷危机及国际金融危机而破裂，进而导致国家住宅的供应危机。另一方面，地方政府与第三部门的财政窘况导致其社会住宅供应严重不足。

（一）国家住宅危机

国家住宅肇始于1905年，是新西兰历史最为悠久且最为重要的住房保障形式。至2011年，住宅新西兰公司共持有6.9万多套国家住宅，占所有社会住宅的78.4%，当年为20多万人提供住房服务。②

2008年，新西兰房市泡沫破裂，许多民众的财富瞬间蒸发殆尽，变成无房者。与此同时，住房租金却一路走高。③ 失去了原有的住房，又租不起市场住房，越来越多的人向政府伸出求助之手。2010年，超过3500家租户，共约1万多人等候获得国家住宅。④

面对市场的烂摊子，刚上台的中央政府有心无力。一方面，供需缺口巨大。新西兰属于典型的自由主义福利国家⑤，国家住宅在整个住房所有制结构中占比很低。20世纪80年代以前，国家住宅占比从未超过7%，⑥ 90年代的市场化改革使该比例降至4%，并保持至今⑦。面对大量的新增申请者，现有国家住宅远远不能满足供应。另一方面，新西兰面临巨大的财政压力。2009年，约有20%—25%的新西兰家庭接受国家的住宅援助，费用达17亿新元，预计10年后则会增至37亿新元。⑧

另外，新西兰房屋署也面临一些管理与技术障碍，尤其是当时的住房分配系统难以全面且准确地评估国家住宅申请者的需求状况及已入住者的改善状况，使国家住宅分配处于低效乃至欠缺公平性的状态。⑨

2010年4月，由住房政策专家组成的住房股东顾问团向政府提交了《住房与安置：新

---

① House Prices Unit, *Final Report of the House Prices Unite: House Price Increases and Housing in New Zealand*, Wellington: House Prices Unit, 2008.

② HNZC, *Briefing for the Minister of Housing*, Wellington: Housing New Zealand Corporation, 2011.

③ DBH, *Briefing for the Minister of Housing*, Wellington: Department of Building and Housing, 2011, p. 13.

④ HNZC, *Briefing for the Minister of Housing*, Wellington: Housing New Zealand Corporation, 2011.

⑤ ［丹麦］格斯塔·埃斯平-安德森：《福利资本主义的三个世界》，苗正民、滕玉英译，商务印书馆2010年版。

⑥ Murphy L., "Market Rules: Neoliberal Housing Policy in New Zealand", in Glynn, S. (eds), *Where the Other Half Lives: Lower Income Housing in a Neoliberal World*, New York: Pluto Press, 2009, p. 197.

⑦ DBH, *Briefing for the Minister of Housing*, Wellington: Department of Building and Housing, 2011, p. 11.

⑧ DBH, *Briefing for the Minister of Housing*, Wellington: Department of Building and Housing, 2011, p. 12.

⑨ HNZC, *Briefing for the Minister of Housing*, Wellington: Housing New Zealand Corporation, 2011.

西兰社会住宅报告》，报告指出新西兰国家住宅体系将面临至少七个方面的挑战[①]：（1）国家住宅及相关救助已难以满足现实需求；（2）日益增长的财政压力；（3）住房保障的提供者单一，缺少可替代的选择；（4）住房财政援助的公平性与充分性存在问题；（5）住房保障的可持续问题；（6）住房供给不足；（7）政府单凭其一己之力难以满足未来的资本需求，必须依靠第三部门。

2011年2月22日，新西兰坎特伯雷大地震加剧了国家住宅危机。据统计，损失最为严重的基督城有超过6000套国家住宅受损，其中550套遭受结构性损毁。[②]

（二）非国宅社会住宅窘况

地方政府建造社会住宅始于1950年，一直都是保障住房的第二大提供者。这类社会住宅与国家住宅的本质区别在于资金来源与所属权的不同：尽管绝大部分地方政府所建造的社会住宅都不同程度地拥有中央的财政与技术支持，但其财政运作与所有权均归属地方当局，并且地方政府拥有完全的管理权限，不受中央政府干预。由于中央政府在20世纪90年代停止了对地方的财政资助，而地方政府又缺乏足够的资金，因而地方政府的社会住宅计划在2010年之前基本处于停滞乃至倒退状态。许多地方政府将社会住宅视为边缘的公共服务职能，纷纷考虑退出相关事务。[③] 据统计，从1981年至2006年，此类社会住宅数量已从16158套降至11007套。[④]

第三部门提供的社会住宅数量极其有限。在新西兰，第三部门住房组织出现较晚，资金是其运作过程中所遭遇的最大难题。由于赞助者往往将这些组织看作“需要生存而非成功”的受助者，因而所获资助非常有限。许多组织被迫将重心集中于节省成本与寻求更多的资助而非提供更好的服务。据统计，2007年以前，此类社会住宅总数不到2500套，各组织持有住房平均数量仅为21套。[⑤]

综上所述，国家住宅危机和非国宅社会住宅窘况使新西兰政府面临巨大的住房保障压力。因此，一场旨在培育与促进地方及第三部门参与保障房供给并优化国家住宅供给机制的社会住宅改革势在必行。

二、社会住宅改革的内容

2010年10月，新西兰内阁社会政策委员会就顾问团的报告进行了讨论，会后，一份名

① The HSA Group, *Vision for Social Housing in New Zealand*, Wellington: The HSA Group, 2010.

② HNZC, *Briefing for the Minister of Housing*, Wellington: Housing New Zealand Corporation, 2011.

③ McKinlay Douglas Ltd., *The Role of Local Government in the Provision of Affordable Housing, a report prepared for Local Government New Zealand, Dunedin, Wellington and North Shore City Councils and New Plymouth and Western Bay of Plenty District Councils*, Wellington: McKinlay Douglas Ltd., 2004.

④ CHRANZ, *Affordable Housing in New Zealand*, Wellington: Centre for Housing Research, Aotearoa New Zealand, 2006.

⑤ CHRANZ, *Affordable Housing in New Zealand*, Wellington: Centre for Housing Research, Aotearoa New Zealand, 2006.

为《新西兰社会与保障住房的新方向》的会议纪要公之于众，顾问团的报告获得认可，社会住宅改革由此拉开序幕。同年 12 月，“社会住宅改革计划”出台，该计划旨在加强政府对社会住宅（包括国家住宅）投入的绩效，提升社会住宅提供者的多样性与品质，进而更好地满足民众的住房需求。其内容主要包括三个方面。①

1. 国家住宅评估体系改革

首先，对国家住宅租户需求评估体系——社会分配系统（Social Allocation System，SAS）进行改革，将住房需求评估整合至更广泛的社会支持评估体系。通过全方位的风险指标系统，新西兰房屋署将准确地评估国家住宅申请者的住房需求状况，进而将国家住宅资源聚焦于最需要国家救助的低收入者。其次，对现有绩效评估体系进行改革，使新西兰房屋署及其附属机构的一系列资产管理决议更有效地应对住房需求与实际操作要求。最后，将新的评估机制整合至《住房改组与出租事项法》修正案中，这样既能提升该法的技术性与操作性，也能提升社会住宅改革的实施效力。

2. 住房管理机构调整

首先，成立了专职机构代表中央政府全权负责对非国宅社会住宅的资助及促进事宜。2011 年 7 月 1 日，新西兰社会住宅分部成立。其性质为住房建设部（Department of Building and Housing，DBH）下属的半独立机构，职责主要在于向第三部门提供资金支持并给予政策建议，以培育更多的社会住宅第三方提供者。其次，调整了新西兰房屋署的职能，让其专注于对国家住宅的全权管理。2012 年 4 月，新西兰房屋署推行企业转型计划，计划花费 2400 万新元用于服务系统的升级，包括社会分配系统的革新。借此契机，新西兰房屋署正式剥离其涉及第三部门的非核心功能，专注于国家住宅运作。再者，强化了住房建设部的政策建议功能，使其能更好地提供综合性的社会住宅政策建议。2012 年 7 月，住房建设部与劳工部（Department of Labour）、科学与创新部（Ministry of Science and Innovation）及经济发展部（Ministry of Economic Development）合并为商业、创新与就业部（Ministry of Business，Innovation and Employment），以整合政府资源。最后，建立了部长级顾问小组，独立于公共服务部门向部长汇报社会住宅改革进展状况，并提出改进建议。

3. 多元化供给模式构建

新西兰政府通过成立专门的中央财政拨款项目，并依靠中央住房机构的政策建议，对地方政府及第三部门的社会住宅发展计划予以资助与指导，奠定社会住宅多元化供给模式

---

① Cabinet Social Policy Committee, *A New Direction for Social and Affordable Housing in New Zealand: Government's Response to the Report of the Housing Shareholder' Advisory Group*, Cabinet Paper, http://www.mbie.govt.nz/about-us/publications/cabinet-papers/Social%20Housing%20Reform%20-%20Cabinet%20Paper.pdf; HNZC, Briefing for the Minister of Housing, Wellington: Housing New Zealand Corporation, 2011; Ministry of Business, Innovation& Employment, http://www.dbh.govt.nz/index; Social Housing Unit, http://www.shu.govt.nz/.

的基石。2011 年 7 月 1 日，中央政府专门成立了社会住宅基金，该基金由社会住宅分部持有，主要资助对象为第三部门住房提供机构。首期社会住宅基金共筹得 3735 万新元拨款，设有四个子项目：(1) 成长基金，用于资助提供长期社会住宅服务的组织，初期资金分配达 2235 万新元；(2) 小型基金，用于资助提供小规模、地域性或特殊需求的社会住宅的组织，初期资金分配大约 500 万新元；(3) 毛利人基金，用于资助为毛利人提供社会住宅的组织，初期资金分配大约 300 万新元；(4) 农村基金，用于资助为农民提供社会住宅的组织，初期资金分配大约 500 万新元。通过社会住宅分部官方网站或各地的社会住宅分部地区论坛，第三部门住房提供机构可向社会住宅分部提交基金申请。截至 2012 年 4 月，社会住宅基金共收到 94 份资助申请，所需资助款项达 1.71 亿新元。社会住宅基金经过审核，共对 15 个非政府组织予以 3250 万新元的资助。截至 2012 年 6 月，该基金已使用 3683 万新元，预计未来三年将使用 10.41 亿新元。①

三、新的社会住宅运作机制

社会住宅改革促使新西兰政府对住房保障政策的制定，从注重行政系统内部关系的厘清以实现高效运作，转向注重对社会力量的培育以共同提升服务品质。通过对国家住宅分配机制、行政运作机制、多元参与机制的调节与整合，新的社会住宅运作机制保障了住房服务的高效输出。

（一）国家住宅分配机制

新的社会分配系统以可支付力、充分性、匹配性、可获得性、可维持性五项指标（见表 1），将国家住宅申请者的需求程度分为 A—D 四个等级。只有 A 与 B 等级的申请者或已入住者才有资格获得或继续获得国家住宅租赁安排，且 A 级比 B 级优先（见表 2）。

表 1　社会分配系统评估标准体系

风险指标	评估内容
可支付力（Affordability）	该标准用于测量申请者（以其有资格获得的所有收入支持）支付在其现居住地（社区）或（需要居住的）相似居住地内一套与其收入相匹配，且与所申请国家住宅条件相似的私人出租房屋的能力。可支付力的计算基于住房花费与其收入的百分比，比值越高，可支付力越低
充分性（Adequacy）	该标准用于测量申请者现有住房的性能是否符合居住标准。充分性的指标只有符合或不符合两类
匹配性（Suitability）	基于以下几方面现有住房情况对申请家庭的住房需求进行测量：①家庭情况（包括经济状况）的改变；②现有住所的所有权保障状况；③医疗、残障及其他个人的需求；④现有住房的拥挤程度

① MBIE, *Social Housing Fund* 2011/12: *Post Implementation Review*, *Final Report*, Wellington: Ministry of Business, Innovation & Employment, 2012: 13.

续表

风险指标	评估内容
可获得性（Accessibility）	可获得性用于测量：①申请者在私有市场被歧视的程度及用于满足支付成本的财政手段缺乏状况；②申请者需要居住地区社会住宅的供应状况
可维持性（Sustainability）	该指标用于衡量申请者在维持非国家住宅，尤其是财政管理及社会适应能力方面的任何困难上所具有的可能的能力

资料来源：HNZC，http：//www. hnzc. co. nz/councils-and-community-organisations/resources-for-stakeholders/From-state-housing-application-to-tenancy/SAS-criteria-July-2012. pdf。

表 2　国家住宅分配等级表

等级	概况	描述
A	处境危险	此类家庭的福利处于高度危险状态，亟须住房保障。现有住房具有高度的不匹配性或不充分性。此外，此类家庭无法获得或维持一套合适的、充分的及可支付的非国家住宅
B	严重住房需求	此类家庭的福利显著而持续地受不匹配或不充分的住房条件的影响。此类家庭非常难以获得或维持一套合适的、充分的及可支付的非国家住宅
C	中度需求	此类家庭处于弱势状态，并可能随着时间推移，会因不匹配或不充分的住房条件而加剧。此类家庭在获得援助的情况下可获得或维持替代性的非国家住宅
D	低度需求或无需求	对于此类家庭，存在可行的非国家住宅选项，因此对住房保障的需求不高或没有需求。此类家庭可依靠自身力量获得或维持替代性的非国家住宅

资料来源：HNZC，http：//www. hnzc. co. nz/councils-and-community-organisations/resources-for-stakeholders/From-state-housing-application-to-tenancy/SAS-criteria-July-2012. pdf。

（二）行政运作机制

新西兰中央政府住房保障服务的输出主要包括四个方面：（1）国家住宅服务输出，它由新西兰房屋署全权负责；（2）住宅补贴，它由社会发展部负责管理；（3）毛利人国家住宅服务输出，它由住房建设部与毛利人发展部共同负责；（4）非国宅社会住宅的培育与促进，它由社会住宅分部负责。这些部门在内阁的领导与协调下，分工明确，各司其职（见图 1）。

（三）多元参与机制

在有力的中央财政资助下，地方政府与第三部门对社会住宅的关注逐渐恢复和提升，这些机构共同参与社会住宅的建设与管理、社会住宅政策的评估与建议等活动，多元参与网络初见雏形（见图 2）。

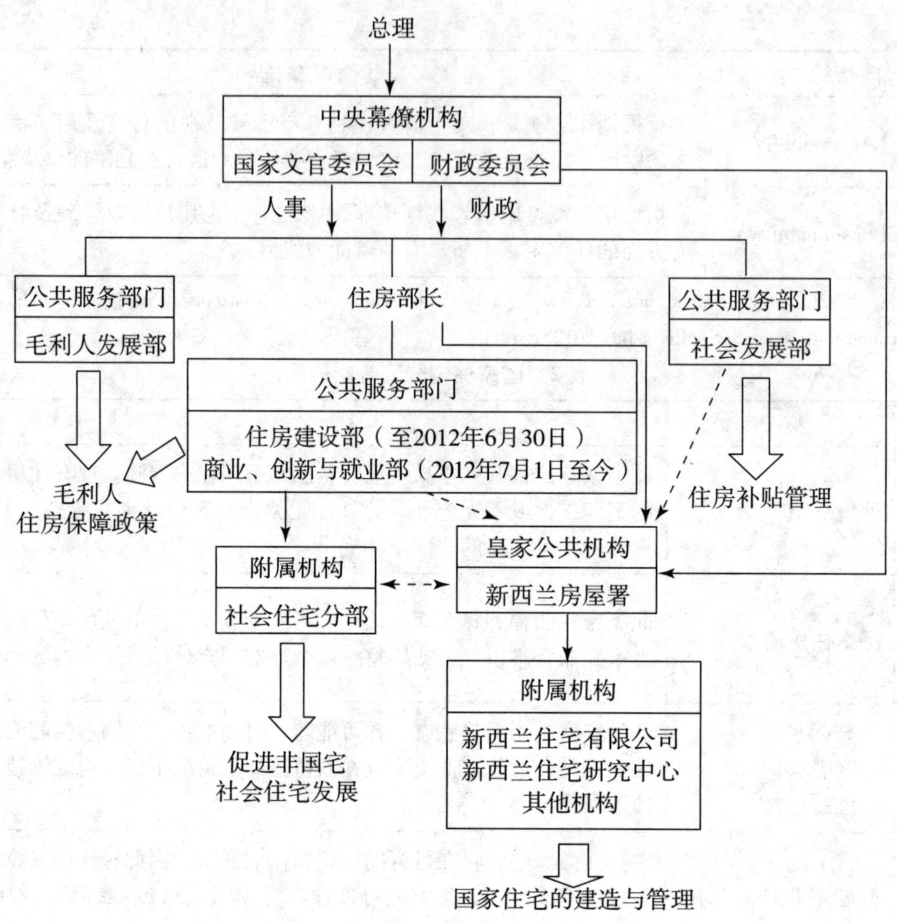

图1　新西兰住房保障行政运作机制图

行政管辖——►；业务指导或政策建议----►；业务合作◄---►；职能分工⇨

注：截至笔者初稿完成之日（2013年1月20日），与住房相关的事宜仍由住房部长操办。

资料来源：HNZC，*Briefing for the Minister of Housing*，Wellington：Housing New Zealand Corporation，2011；DBH，*Briefing for the Minister of Housing*，Wellington：Department of Building and Housing，2011；Ministry of Business，Innovation& Employment，http：//www. dbh. govt. nz/index；Social Housing Unit，http：//www. shu. govt. nz/。

在住宅建设方面，诸如惠灵顿、奥克兰等城市及新西兰社区住房股份公司、原住民与太平洋组织等第三部门都提出了新的修建计划，基督城、坎特伯雷等地震受灾区的社会住宅修复工作进行也比较顺利。① 2011年，地方政府与第三部门持有的社会住宅分别增至1.4万多套与5000多套②，国家住宅等候者降至2000家（6000多人）。③

---

① MBIE，*Social Housing Fund* 2011/12：*Post Implementation Review*，*Final Report*，Wellington：Ministry of Business，Innovation & Employment，2012，p. 17.

② HNZC，*Briefing for the Minister of Housing*，Wellington：Housing New Zealand Corporation，2011.

③ HNZC，*Building the Future*：*The New Zealand Housing Strategy*，Wellington：Housing New Zealand Corporation，2010.

在政策评估方面，中央住房主管机构与新西兰数据统计局及社会调查局等中央机构合作向内阁提供了许多重要的社会住宅政策建议；同时也与维多利亚大学、奥塔哥大学、新西兰建筑调查机构等学术或民间研究机构合作对住房市场及社会住宅的状况进行评估。①

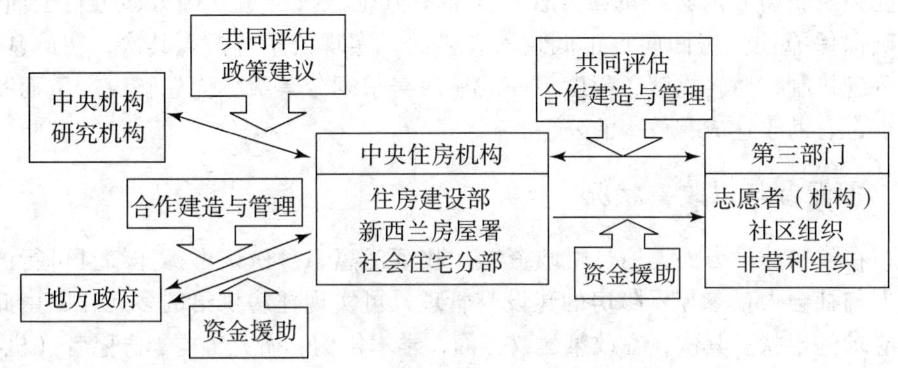

图 2　住房保障多方参与关系图

资料来源：Statistic New Zealand, *Housing Statistics Strategy*, Wellington: Statistic New Zealand, 2004; BRANZ, *Sustainability of the New Zealand Housing Stock*, Wellington: Housing Research about New Zealand, 2011; HNZC, *Building the Future: The New Zealand Housing Strategy*, Wellington: Housing New Zealand Corporation, 2010。

四、借鉴与启示

虽然新西兰与我国的国情存在诸多差异，包括国土面积、人口状况、社会经济发展水平等，但并不能就此否定新西兰社会住宅改革对我国的借鉴和启示意义。通过对新西兰社会住宅改革的研究，可从中得出以下几点启示。

（一）分工明确以提升效能

首先，无论是中央政府还是地方政府，各职能部门及直属机构明确各自在住房保障领域的分工与责任将有效避免政出多门、业务重叠乃至冲突等问题，进而提升行政资源的利用效率，明确责任归属。其次，中央政府与地方政府之间就住房保障职能的府际分工予以明确，在双方权责相符的基础上进行合作，将有效提升各行动者的积极性，亦有助于行政资源的优化配置。就我国现实状况而言，可由地方政府负责当地住房保障政策的制定与执行，由中央政府负责住房保障政策的宏观指导与监督评估。最后，政府与第三部门之间明确各自的行动边界，譬如由政府负责较大范围内的普遍住房保障需求，而由第三部门负责较小区域内的特殊住房保障需求，可形成有效的互补机制，确保住房供给的全面覆盖。

① Statistic New Zealand, *Housing Statistics Strategy*, Wellington: Statistic New Zealand, 2004; BRANZ, *Sustainability of the New Zealand Housing Stock*, Wellington: Housing Research about New Zealand, 2011.

（二）科学评估以确保公平

首先，建构一套完善的住房需求评估机制，对申请者的住房状况，包括当前居住状况、住房负担能力及获得政府救济的必要性（是否有其他救济渠道）等方面进行全面地评估，将有助于确保保障性住房面向真正低收入者供给，实现公平分配。其次，在此基础之上，建立优先分配机制，对轻重缓急程度不一的住房需求划分等级，优先解决严重而紧急的住房保障需求，有助于达成有效率的公平。

（三）多元参与以改善状况

首先，在住房建设方面，通过财政资助、政策优惠、身份认可等详细且可行的激励政策鼓励私人与社会力量参与保障房的建设与管理，可实现住房供给的多元化，由此改善保障房供不应求的现状。其次，在政策建议方面，学术机构、研究机构、志愿者（机构）、社区组织、非营利组织等社会力量能帮助政府实现对住房各方面状况的准确评估，提供良好的政策建议，若能将此类力量整合至住房政策的决策过程，将提升住房政策的有效性。

参考文献

[1] Glynn, S. (eds), *Where the Other Half Lives: Lower Income Housing in a Neoliberal World*, New York: Pluto Press.

[2] HNZC, *Briefing for the Minister of Housing*, Wellington: Housing New Zealand Corporation, 2011.

[3] The HSA Group, *Vision for Social Housing in New Zealand*, Wellington: The HSA Group, 2010.

[4] CHRANZ, *Affordable Housing in New Zealand*, Wellington: Centre for Housing Research, Aotearoa New Zealand, 2006.

[5] HNZC, *Building the Future: The New Zealand Housing Strategy*, Wellington: Housing New Zealand Corporation, 2010.

[6] Ministry of Business, Innovation& Employment, http://www.dbh.govt.nz/index.

[7] Social Housing Unit, http://www.shu.govt.nz/.

Social Housing in New Zealand: Reform and Revelations

Gao Le

Abstract: In order to improve the supply of Affordable Housing, which is facing state housing and social housing crisis, in 2010, New Zealand initiated social housing reform in three aspects, namely improving state housing assessment system, restructuring housing management bureau and building diversified housing supply channels. Up to now, this Reform has achieved four major outcomes: more scientific state housing allocation system, more effective administrative management, and greater imvolvement of the third-party providers of social housing. Drawing upon New Zealand's reform, some revelations are proposed by this paper in order to contribute to improving Chnia's housing security system: a clear division of responsibilities to enhance efficiency, a scientific assessment system to ensure justice and also diversified involvement of housing supply to improve the current situation.

Key words: housing security, social housing, New Zealand

（编辑：刘　洋）

经济结构调整中企业人力资源管理面临的挑战和对策

苏海南*

［**摘要**］ 经济结构调整已成为我国加快转变经济发展方式的主攻方向。在此过程中，将给我国企业人力资源管理带来五个方面挑战。对此，需要明确应对经济结构调整的企业人力资源管理基本思路，明确宏观、微观层面人力资源管理基本任务。宏观层面应做好四个方面工作：一要大力抓好就业，切实解决就业难和招工难“两难并存”问题；二要妥善处理好提高工资和企业发展的关系；三要大力做好人力资源开发工作；四要构建和谐劳动关系，维护劳动者合法权益。微观层面要做好五项工作：一要大力夯实用人单位人力资源管理基础；二要健全绩效管理制度；三要改革完善薪酬制度；四要加强各类职工培训；五要加强劳动关系协调，履行企业社会责任。

［**关键词**］ 经济结构调整　企业　人力资源管理

改革开放以来，我国经济持续快速增长，取得了举世瞩目的伟大成就，但同时，我国经济增长背后的结构失衡问题也日益暴露和显现。针对这一问题，党的十八大报告明确指出：“推进经济结构战略性调整”，“这是加快转变经济发展方式的主攻方向”。在贯彻这一战略部署的进程中，企业人力资源管理作为经济领域的一项重要且具有社会属性的工作，将会受到哪些影响，面临哪些挑战？应采取哪些措施加强和改进人力资源管理以顺应并促进我国经济结构调整？这已经成为我国企业人力资源管理理论研究和实际工作者必须深入思考并回答的问题。本文拟就此作初步探讨。

一、经济结构调整中企业人力资源管理面临的新挑战

一般而言，经济结构调整是指国家运用经济的、法律的和必要的行政手段，改变现有的经济结构状况，使之合理化、完善化，以进一步适应生产力发展的过程。正如党的十八大报告指出的，我国经济结构调整“必须以改善需求结构、优化产业结构、促进区域协调发展、推进城镇化为重点”。同时，它还涉及所有制结构、大中小微型企业各自所占比重的调整，收入分配和财富分布结构的调整，人力资源素质结构的调整等其他方面，是一个庞

* 作者系中国劳动学会副会长兼薪酬专业委员会会长，研究员。

大复杂的系统工程。初步分析，经济结构调整将对我国企业人力资源管理带来多方面影响和挑战。

（一）经济结构调整对企业人力资源管理带来的多方面影响

当前，我国经济已与世界经济紧密交融。在此背景下，我国经济发展必然受国际、国内市场变化的多方面制约，相应地，我国经济结构调整也会受此制约，并对企业人力资源管理带来多方面影响。

一方面，将对企业人力资源管理带来诸多冲击和压力。一是对我国外贸企业人力资源管理的冲击。近年来，受美国经济复苏缓慢和欧债危机影响，全球经济需求减少，贸易保护主义抬头，由此对我国外贸企业的生存发展以及我国企业对外投资开拓市场带来冲击，许多外贸企业产品销售困难，用工需求减少，面临裁减人员、降低工资等压力。二是不少行业、企业人力资源管理面临不确定性的冲击。受全球经济不景气的影响，部分行业和许多企业生产经营的不均衡性大大增加，其生产经营任务量、用工数量、工时安排的不确定性明显上升，大幅度增加了人力资源管理的难度。三是部分落后行业企业面临人员重组和提高素质的压力。一些高能耗、高污染行业企业将被迫破产关闭，一些低附加值的劳动密集型中小企业因成本快速上升开始转移到国外或我国中西部地区，这必然对相关地区和行业人力资源配置带来较大冲击；而不少企业原来的老产品、低附加值产品面临淘汰，带来生产线改造、技术革新和升级换代以及劳动者技能提升的诸多新要求，对这些企业人力资源管理形成新压力。四是经济组织整合对人力资源管理的影响。在经济结构调整过程中，涌现出了一批跨国、跨地区、跨行业企业，许多大中型企业开始重组，这带来企业内部组织机构、岗位设置等的调整，也带来不同企业文化如何融合、原有人力资源管理制度如何修订调整等新难题。

另一方面，经济结构调整对企业人力资源管理带来新的需求。一是产业结构调整带来的新需求。我国的产业结构调整将推动战略性新兴产业、先进制造业健康发展，加快传统产业转型升级，推动服务业特别是现代服务业发展壮大，支持小微企业特别是科技型小微企业发展。这一重大调整将促使这些新兴产业和转型产业的人力资源总量及高素质人员的需求明显增加。二是区域经济结构调整带来的新需求。我国区域经济结构调整的核心是要协调平衡我国东中西部地区的经济发展，为此要继续实施西部大开发战略、中部崛起战略和东北振兴战略等，进一步加快这些地区的经济发展，促进我国东中西部地区经济发展逐步协调平衡，这一经济结构调整必将带来中西部地区外出务工人员流向流量的调整变化，带来中西部地区人力资源素质结构的调整变化，相应地对这些地区人力资源管理带来新的需求。三是城乡经济结构调整带来的新需求。目前我国城镇化率刚超过50%，如按城镇户籍人口计算仅36%左右，远低于发达国家80%多的平均水平。从现代化发展规律看，今后一二十年我国城镇化率将不断提高，每年将有数量巨大的农村富余劳动力及人口转移到城镇，这将带来城镇投资的大幅增长和消费的快速增加，给城镇发展提供多层次的人力资源，使我国第一、二、三产业劳动力配置发生巨大变化。

（二）经济结构调整使企业人力资源管理面临新挑战

在经济结构调整对我国企业人力资源管理带来新冲击、新需求的同时，也带来诸多新的挑战，其中最主要的挑战有以下几点。

第一，人力资源配置面临“两难”新挑战。在宏观层面，既面临每年要解决就业缺口1000 多万的挑战，又面临要帮助缓解部分地区、行业“用工荒”、招不到人的挑战。在当前经济发展速度下降的情况下，要新增较多就业岗位，优化宏观人力资源配置，难度很大。在微观层面，用人单位既面临解决招不到合适的一线操作工、服务员和高级工程师、高技能工人问题的挑战，又面临要解决单位内部不适合岗位要求人员重新优化配置或使其退出本单位的挑战。在经济结构调整过程中，这两对矛盾现象同时在宏观、微观层面并存，解决的难度非常大。

第二，人工成本管理面临新挑战。一是工资上涨幅度较大且较快。“十一五”期间我国城镇企业在岗职工平均工资年均增长 15.1%，近两年来年均增长 12%以上；2010—2012年，我国私营企业员工平均工资年均实际增长率分别为 10.5%、12.3%、14.7%；今后物价持续上涨会推动工资水平持续提高，我国进入中等收入国家行列客观要求提高工资水平，劳动者特别是低工薪劳动者迫切希望并争取提高工资，这些都使工资上涨压力大增。二是社会保险缴费逐步提高。社保缴费率一般为工资的 30%—40%，工资水平提高后社保缴费额也会相应提高。三是随着劳动者日益关注维护自身权益、要求共享企业发展成果，越来越多的企业注重以人为本，员工的福利待遇和劳动保护水平也将不断提高。在经济结构调整的大背景下，以上变化都将使企业人工成本管理难度进一步增大。

第三，人力资源素质提升面临新挑战。从宏观层面看，当前我国企业专业技术人才、经营管理人才和技能人才三支队伍建设远不适应产业结构调整的需要，总量明显偏少，素质也显偏低，其中特别是技能人才和专业技术人才队伍建设不适应问题更显突出。从微观层面看，各类企业三支队伍建设都或多或少存在数量不足、素质不适应问题，且所有企业都存在部分员工素质不适应岗位需要的问题，这会使企业顺应经济结构调整推行的产品升级换代、技术革新等倍受阻碍。

第四，劳动关系协调面临新挑战。在经济结构调整过程中，由于企业面临多方面压力，使得劳动关系协调的客观基础相对以往更为薄弱，矛盾更呈显性化。一方面，劳动关系问题主要表现在：“三低”即小微企业劳动合同签订率低，企业一线职工工资低（全国有20%以上的职工工资徘徊在当地最低工资标准水平），农民工参加社会保险比例低（农民工参加最多的工伤保险也仅为 43%）；“两多”即劳动争议多，大中型企业不规范劳务派遣用工多；“一少”即部分企业对劳动者人文关怀少。另一方面，“80 后”和“90 后”农民工的利益诉求发生三大新变化：由关注工资支付保障向关注社会保障转变，由进城单纯挣钱向融入城市转变，由改变住宿条件向要求城市提供公共服务转变。这些都对政府和企业加强与改进人力资源管理提出了新挑战。

第五，人力资源服务和管理面临新挑战。目前我国公共人力资源服务尚不适应经济结构调整形势发展变化的需要，不能为宏观层面人力资源管理提供全面有效的公共服务；同时，许多用人单位人力资源管理还不适应产业和产品结构调整以及市场竞争激烈、市场变化快的需要，在管理观念、方式方法上都有许多偏差，致使本单位在人员选拔任用机制、流动激励机制、人力资源开发等方面还存在诸多问题。

二、经济结构调整背景下企业人力资源管理的思路

根据上述经济结构调整中企业人力资源管理面临的新挑战，有必要进一步梳理并明确加强企业人力资源管理的思路和任务，以适应形势变化的需要。

（一）明确应对经济结构调整的企业人力资源管理基本思路

关注并把握经济结构调整和国际国内市场变化，针对当前我国企业人力资源管理面临的机遇和诸多挑战，坚持以科学发展观为统领，从宏观和微观两个层面，政府和用人单位两个角度，分别研究并着手采取相应措施，抓重点解难点，顺应经济结构调整路径相应变革和创新人力资源管理方式方法，优化人力资源配置，提升人力资源素质，协调劳资关系，使人力资源结构与经济结构调整相匹配，为国民经济和社会可持续发展提供良好的人力资源支持。

（二）明确宏观、微观层面人力资源管理基本任务

基于经济结构调整对企业人力资源管理带来的冲击和挑战涉及宏观、微观两个层面，因此，需要从这两个层面针对存在的突出问题相应明确我们的任务。

宏观层面：以扩大就业和提高就业质量为基础，以提升人力资源素质为推力，在国民经济发展基础上提高劳动者报酬，维护劳动关系和谐稳定，健全公共人力资源服务体系，更好地发挥企业人力资源的整体效能，以适应经济结构调整的需要，促进国民经济和社会可持续发展。

微观层面：针对企业内外部情况变化优化人力资源配置，逐步夯实人力资源管理基础，健全绩效管理体系，开通各类员工职业生涯发展通道，加强员工培训以提升员工技能和素质，强化激励约束机制，协调劳资关系，促进提高劳动效率和企业的可持续健康发展。

三、加强和改进企业人力资源管理的对策建议

根据上述思路和任务，针对存在的突出问题，就加强和改进企业人力资源管理提出如下宏观、微观两个层面的对策建议。

（一）宏观层面

第一，大力抓好就业，切实解决就业难和招工难“两难并存”问题。建议政府有关部门结合经济结构调整特别是产业结构调整和区域经济协调发展以及加快推进城镇化进程，进一步坚定实施更加积极的就业政策，通过推进战略性新兴产业建设开拓就业新领域，扩大就业；通过政府投资、重大项目建设带动就业，增加就业数量；通过大力发展劳动密集型产业、服务业和小型微型企业，鼓励发展家庭服务业，促进创业带动就业，促进重点群

体和困难群体就业，特别是促进因淘汰落后产能等下岗失业人员的再就业；加快城镇化建设进程，稳定并扩大农民工就业并促进其就近融入城镇；同时，加快建设全国统一的人力资源市场，大力发展人力资源服务业，及时提供不同区域、行业以及企业就业供给需求信息，结合其他多方面措施缓解就业难和招工难。

第二，妥善处理好提高工资和企业发展的关系。根据党的十八大报告提出的居民收入翻番目标，顺应广大劳动者加薪的要求，建议政府通过合理调整各地最低工资标准，根据各地经济发展状况、物价变动等情况发布工资指导线引导工资水平合理提高，推行工资集体协商、国有企业工资总额预算管理等措施，推动建立企业职工工资正常增长机制，将工资增长转变为提高劳动生产率的推力；同时，政府要为劳动密集型中小企业营造良好的生产经营环境，进一步减免税负，保证中小企业有为职工加薪的能力和空间。

第三，大力做好人力资源开发工作。建议政府加强人力资源公共服务体系建设，提供平台和政策开展农民工就业能力培训，同时引导企业加强员工培训，指导企业开通员工职业生涯发展通道；通过健全有关政策加强企业专业技术人才、技能人才和经营管理人才队伍建设，针对高新产业发展和产业、产品升级换代需要，继续引进海外优秀尖端人才，制定相关政策指导企业开展提升人员素质等人力资源开发活动，支持产业结构调整，逐步改变我国人力资源素质结构；同时，研究应对老龄化的政策，进一步开通农民工融入城镇通道的政策，延长人口红利周期。

第四，构建和谐劳动关系，维护劳动者合法权益。继续巩固大中型企业劳动合同签订率，通过指导、监察推动提高小企业和农民工劳动合同签订率；建议政府创造条件完善集体协商机制，以企业集体协商为主体，以行业性、区域性集体协商为补充，努力扩大集体合同制度覆盖面，提高集体协商的实效性；指导各类企业继续改善劳动条件，健全各级协调劳动关系三方机制，加强劳动保障监察工作体系建设，重点加强农民工权益保护，引导企业切实解决“三低两多一少”问题，维护劳动关系整体稳定。

（二）微观层面

在调整、转变现有人力资源管理理念以适应经济结构调整的基础上，各类企业都需要抓好以下工作。

第一，大力夯实用人单位人力资源管理基础。各类企业都应根据生产经营环境变化做好以下基础工作：一是梳理生产经营运行和管理流程，相应优化组织机构和岗位设置，科学定岗定编定员，以适应生产经营条件等方面变化。二是对新调整或设立的部门、岗位开展工作分析，完善部门、岗位说明书，明确部门、岗位职责、权限和工作关系，以保证产业产品结构调整过程中企业内各部门、岗位的职责重新明确规范。三是实施岗位评价，重新明确各类岗位价值度。高新技术企业和其他具备条件的企业还可探索建立员工能力素质评价模型。四是建立健全纵向分层、横向分类的员工职位体系，开通本企业内各类员工特别是生产操作技能人员的职业生涯发展通道，激励各类员工钻技术、练技能、长本领、提素质，为企业应对产业产品结构调整提供人力资源素质能力支撑。

第二，健全绩效管理制度。在经济下行和经济结构调整过程中，各类企业尤其要建立健全绩效管理体系，以本单位发展战略牵引建立健全绩效指标体系，并层层分解到企业内各部门、各单位以及各岗位员工；根据企业生产经营情况变化制定绩效计划，恰当确定目标值，使之符合企业实际且需要努力“跳一跳”才能完成，同时严格实施绩效计划；在此基础上抓好绩效考核，并将考核结果与薪酬分配、职务晋升、岗位调整、人员培训等方面紧密结合起来；做好绩效反馈，促进绩效改进，使绩效管理充分发挥作用，引导员工提高劳动效率，成为企业应对经济结构调整面临多方面挑战的重要手段。

第三，改革完善薪酬制度。各类企业管理人员应转变观念，把合理提高员工工资作为促进提高劳动生产率、促进企业与劳动者互利双赢的手段，通过深化薪酬制度改革，健全激励约束机制，在合理确定企业薪酬总额和员工平均薪酬水平基数的前提下，相应核定企业经济效益总量和人均经济效益水平，并将两者相互挂钩浮动，激励全体员工做大企业“蛋糕”，从而相应提高薪酬总量和平均薪酬水平，建立员工工资随经济效益提高的正常增长机制。在内部分配中，要重点安排低收入劳动者的工资增长，切实维护劳务派遣工、农民工等短期劳动合同员工的同工同酬权益，合理调整企业内部薪酬分配关系，更好地调动全体员工积极性，促进劳动生产率提高。

第四，加强各类职工培训。各类企业都要大力加强员工培训，尤其是要结合企业生产经营环境条件变化的实际和需要，开展员工岗位变动调整培训、新员工上岗培训、专业培训、技能培训和比赛，使员工能够尽快适应产业产品结构调整的需要；大型企业还可开展团队拓展训练，促进提高人员素质，为本单位可持续发展提供人力资源保障。

第五，加强劳动关系协调，履行企业社会责任。各类企业要认真做好劳动关系协调工作，尤其要针对新生代农民工的新要求，加强人文关怀，多方面关心帮助他们融入企业，开拓他们的职业生涯发展空间，提高劳动关系的稳定性。各类企业都要改变把利润作为唯一目标的传统理念，强调在生产过程中对劳动者人生价值的关注，强调对消费者、对环境、对社会的贡献，并逐步将其落实，使企业的发展与劳动者成长、社会进步、生态环境和谐相融合。

Enterprise Human Resource Management in Economic Restructuring: Challenges and Suggestions

Su Hainan

Abstract: Economic restructuring which has become the main direction of China's economic development has brought about challenges for enterprise human resource management in five aspects. Thus, a clear response to economic restructuring is required in enterprise human resource management: namely a clear understanding of the basic management tasks at the macro and micro-level. At macro-level, further works should be done at the following four aspects: improving employment by solving the employment-recruitment difficulty dilemma, properly handling the relationship between wage increase and enterprise development, making further development of human resource exploration, and building harmonious labor relations by defending laborers' legitimate interests. At micro-level, the following five aspects should be strengthened: building a solid foundation of enterprise human resource management, improving performance management system, reforming the remuneration system, increasing staff training, and strengthening the coordinative labor relations and performing social responsibilities.

Key words: economic restructuring, enterprise, human resource management

（编辑：吴　帅）

“国外人才发展丛书”和人才学理论研究丛书将出版

为更好借鉴国外人才发展经验，进一步加强人才学科建设，中国人事科学研究院与党建读物出版社共同策划出版“国外人才发展丛书”，委托中国人才研究会编撰人才学理论研究丛书。

“国外人才发展丛书”坚持为我所用的原则，围绕我国实施人才发展规划纲要的实际需要，选择各国人才发展的政策法规、创新做法和实践经验，在深入分析和研究的基础上，进行原汁原味地编译，为我国人才政策制定者、理论研究者和实践工作者提供系统的参考和借鉴。

“国外人才发展丛书”包括专题、国别和名著三个系列。专题系列以专题为主线，主要包括：国际人才竞争战略、人才培养开发、人才评价发现、人才选拔任用、人才流动配置、人才激励保障、高层次人才开发、高技能人才开发、国际猎头等专题。国别系列以国别为主线，主要包括：美国、日本、德国、英国、法国、加拿大、新加坡、“金砖国家”等国别，系统介绍某个国家或某几个国家在人才发展上的典型政策法规、创新做法和实践经验。名著系列聚焦世界各国人才理论与实践研究方面的经典名著，重点关注体现人才发展一般规律的重要思想、理念和方法。“国外人才发展丛书”计划用三年时间完成。

人才学理论研究丛书包括《宏观人才学概论》、《微观人才学概论》和《新编人才学通论》三部。《宏观人才学概论》从国家战略和宏观政策层面阐述人才功能理论、人才要素理论、人才资源理论、人才资本理论、人才发展理论等；《微观人才学概论》围绕人成其才的内容展开论述，内容包括成才理论、育才理论、用才理论、聚才理论等；《新编人才学通论》研究人才要素、人才成长和人才开发的基本理论和实践问题。

人才学理论研究丛书的读者对象是各级党政干部、广大组织人事工作者、企事业单位管理者，兼顾人才学及其相关专业研究人员和研究生。三本专著2013年9月出版发行。

统筹型绩效管理初探

高小平　陈新明*

［**摘要**］　针对目前实施的绩效管理难以综合考量组织与组织之间的绩效相关性，管理与服务中的非线性绩效，公共服务绩效对经济社会发展和公众需求满足程度的同步性，系统与各子系统之间绩效的统筹性，以及同一任务在其实施的各阶段衔接问题等，本文提出在绩效管理中引入统筹的思想和方法，旨在提高绩效管理中的协同性，解决组织绩效的全面性、整体性和可持续性问题。本文对统筹型绩效管理的内涵、依据、特征等进行分析，初步提出建立统筹型绩效管理的几个问题。

［**关键词**］　统筹型绩效管理　组织绩效　绩效管理

一、问题的提出

最近40年来，企业界、政府、公共机构和学术界对绩效管理倾注了大量精力，形成很多成果。行政管理实际工作者和理论工作者对政府绩效管理中的计划、指标、考核、反馈与改进等环节，对绩效管理的价值、资源、体制、机制、技术等方面都作了多维度研究，但所有这些基本都是针对单个组织或个体的。绩效管理有没有一个组织与组织之间、个体与个体之间的统筹问题？这方面涉及的不多，研究还很少。

我国各级政府从20世纪90年代开始引入绩效评估和管理，在推进行政体制改革和管理创新、提高行政管理效率和质量等方面，取得明显成效，但总的看还处于起步阶段，水平有待提高，应用范围需要扩大，多头式评估需要整合。绩效管理如何促进科学发展，发挥其对经济社会发展的导向功能；如何促进组织与组织之间的协同性绩效提升，解决组织系统中的“冒进”、“拖后腿”以及“快”和“慢”不协调，每个部门中大多数人疲于奔命而组织总体绩效却不高的问题？笔者提出一个问题请大家思考：我们所实施的绩效制度本身是不是存在着某种缺陷？或者说我们现在做的绩效管理是不是也有一个转型问题，需要打造绩效管理升级版？

组织是一个复杂系统。复杂系统必然存在着不确定性，存在着非线性关系，存在着各部分绩效之和不等于整体绩效的问题。绩效管理的本质是化繁为简，在一个具有不确定性

---

*　作者高小平系中国行政管理学会执行副会长，绩效管理研究会会长，研究员；陈新明系北京林业大学人文学院硕士研究生。

的复杂系统中抽出某些确定性指标，在系统中对繁多的种类进行区隔，把系统之间的交互作用当作不变量，通过用模拟开放性替代真实开放性，用少量复杂性替代大量复杂性，用有限层次性替代无限层次性等技术手段，计量出自身难以计量的数据。

然而，绩效管理所忽略的系统复杂性问题，会转而影响和降低绩效管理的科学性、执行力、公信度和可持续性。拓展绩效管理研究的思路，研究统筹型绩效管理被提了出来。本文拟对统筹型绩效管理的内涵、依据、特征等进行分析，初步提出建立统筹型绩效管理的几个问题。

二、统筹型绩效管理的内涵

统筹型绩效管理是以统筹的理念为导向，通过提高组织中系统的各要素、各层次以及子系统之间的协同程度，促进系统的整体绩效提升的一种管理方法。统筹型绩效管理与传统绩效管理的区别是，传统绩效管理是以某一组织（包括该组织内的部门和个人）的提升绩效为目的，而统筹型绩效管理更多地关注某组织（包括部门）与其他组织（包括部门）的关系，以协同性绩效提升为主要目的。

统筹型绩效管理不是立足于在绩效评估指标体系中设立具有统筹意义上的某个指标或某组指标（如“协同配合”、“协调能力”等），也不是简单地增加这方面指标的权重，做数量上的放大，而是综合运用管理学、协同学、系统论等理论和方法，深入到管理系统中各个对象、要素的活动规律之中，通过绩效管理达到系统协同绩效提升的目的。换言之，现在的绩效管理也有体现统筹要求的内容，但是它主要解决的是外部协调的关系，即组织间关系、政府间关系、部门间关系，而没有内化为解决每个组织自身内在的运行速率对系统整体绩效的关系。统筹型绩效管理的要义是通过协调各部分目标达成的效率，实现系统性的统筹功能效应。因此，这种绩效管理具有互动性、协调性、同幅性的特点。

——互动性。复杂多变的外部环境和日益频繁的社会交流合作对管理系统提出了新的要求。原先通过各部门独立工作或按简单机械分工来实现整个系统目标的做法，已然不符合时代的要求。只有通过建立多元分工合作机制，保证各管理要素有效互动沟通，多元配合运转，才能避免产生阻碍目标达成的消极性冲突，形成相互促进、共同发展的良好氛围，从而更好地实现系统效应。

——协调性。传统的管理活动容易存在两方面的问题：或是因为过分强调专业分工与部门分置而造成部门间互动协调不足；或是因为拘泥于寻求组织所需的资源而使得组织不能对动态环境变化作出及时的反应。较之传统的管理活动，统筹型绩效管理一方面强调部门间互动协作的重要性，力图打破僵化的科层界限；另一方面通过系统与环境的适应性调整，加强与利益相关者的协调和互动，实现个性理性与集体理性的统一。

——同幅性。统筹型绩效管理强调组织运行时系统各部分在时间、空间和速度上的同幅性，即要求各要素遵循共同的时间参照系，在空间上合理布局，在速度和力度上张弛有度、松紧衔接。统筹型绩效管理要求同幅性，避免各部门的无序运行，促进了系统形成协调一致的整体运动，从而达到预期目标。①

要实现以上要求，需要在处理问题的方法以及看待问题的视角上作重大改进，关键是要使系统按照“自组织”、“自学习”和“自协调”的目标，成长为学习型组织、协同型组织、任务型组织。绩效管理不能简单地通过某些指标来进行管理，而是要以“问题”为导向，“深入其内”，“发乎其外”，把绩效管理的每一个环节与组织自身的成长性有机结合起来，使统筹的要求融入所有绩效指标、贯通到全管理过程。统筹型绩效管理强调“统筹导向”，这与“结果导向”既有联系又有区别。结果导向作为一种理念，意在提倡减少对过程的烦琐评估，而不是不要对管理全程（包括管理方式方法）加以关注。结果导向并不否定其他导向。在这个意义上，统筹导向的绩效管理与结果导向的绩效管理是兼容的，只是角度不同而已。但是，结果导向容易被理解为结果是唯一导向或主要导向，如果是在这个意义上使用“结果导向”，我们认为，一般应该在组织体系中各项管理制度健全、组织与外部环境总体相互适应的条件下才能实行。我国尚在建设法治政府的进程之中，各方面制度不健全，不能简单地以结果为唯一导向。应该把管理结构、管理过程、管理机制和管理方式等综合起来，统筹考量其总体绩效。

三、统筹型绩效管理的理论依据

科学发展观的基本要求是全面协调可持续性，根本方法是统筹兼顾。这为我们指明了进一步推动管理创新的方向，也为绩效管理“升级版”奠定了理论基础。在科学发展观的指导下，我们还可以运用一系列科学理论和方法，研究统筹型绩效管理。

（一）短板原理

“短板原理”又称“木桶原理”，即木桶的盛水量是由箍成木桶的木板共同决定，并受最短的木板所限制的，最短木板是木桶盛水量的“限制性因素”，起到了支配和决定的作用。在一个系统中，“限制性因素”决定是否能够实现整体功能的最大化。在系统管理中，往往效率最低、分配资源最少的组织决定系统是否能够实现最优。因此，统筹型绩效管理要求注意“限制性因素”的选择，做到资源分配的合理性、组织绩效的同步性，通过互动协作，适当突出对“限制性因素”的管理，使系统各部分均衡发展。② 如在经济宏观调控中，既要立足当前，又要着眼长远，使经济运行处于合理区间，经济增长率、就业水平等不滑出“下限”，物价涨幅等不超出“上限”。

（二）役使原理

“役使原理”是协同学中的概念，指在系统演化过程中，到接近状态变化的临界点时，

① 吕栓锋、陈新明：《绩效管理中的“同步达效”问题研究——以大型水利工程项目集为例》，《中国行政管理》2013 年第 6 期。

② 吕栓锋、陈新明：《绩效管理中的“同步达效”问题研究——以大型水利工程项目集为例》，《中国行政管理》2013 年第 6 期。

“快变量”由于变化太快，以致未对系统施加影响就消失或变化了，而极少数“慢变量”变化相对缓慢，成为支配和主宰系统演化的序参量。序参量由子系统的竞争与协同产生出来，同时又支配子系统。子系统伺服于序参量，序参量协同合作形成有序的宏观结构。进度最慢的组织或项目决定着系统的进度。统筹型绩效管理就是要克服部门间效率的不同步问题，以保证整体按照理想状态推进工作。如在处理教育发展与教育公平的协调关系上，既要考察全体国民平均受教育年限，又要考察教育在地区发展上的不平衡，建立教育发展与教育公平两者兼顾的财政转移支付制度和教育公平的监测评估体系。

（三）个体理性和集体理性原理

博弈论关于非零和博弈的“囚徒困境”例子表明，个人最佳选择并非组织最佳选择，这揭示出个人理性和集体理性间的冲突和矛盾。每个组织按着各自利益最大化的方向发展必然导致系统整体绩效的偏离。在价格竞争、军备竞赛、关税战、环境保护中，此类情况很多。统筹型绩效管理要求在经济和社会管理中，不能简单地作“刺激—反应式”决策和“单边式”管理，而要兼顾政府和市场、政府和社会、公共非营利性组织与营利性组织，充分发挥市场、企业、公共组织和社会组织的作用。

（四）线性和非线性原理

在线性管理模型中，组织的活动对目标函数的贡献或对资源的消耗与活动水平成比例关系，因而目标函数或约束函数是决策变量的线性函数。而在实际工作中，往往遇到活动对目标函数的贡献或对资源的消耗与活动水平不成比例关系的情形，即目标函数或约束函数不是决策变量的线性函数，而是非线性函数。笔者称此类问题为非线性管理问题，这里绩效的衡量，需要引入非线性绩效管理。在线性状态下，全局最优解也是局部最优解；而在非线性状态下，全局最优解不一定是局部最优解。所以，非线性绩效管理与线性绩效管理的区别在于，如果线性管理问题有一个最优解，那么一定是可行域中的一个极点；而非线性管理的可行域就不一定是凸集了，即使可行域是凸集，最优解也未必是可行域中的极点。一般而言，非线性管理问题的最优解不会在可行域的边界上。那么，按照非线性理论，可考虑应用一种最常用的黄金分割法，又称 0.618 法，就是将一线段分成两段，使整段长与较长段的长度比值等于较长段与较短段的比值。例如，某公司由于接到了一批特别订单，需要调出一部分工人，这样剩余工人为了最大限度地利用生产能力就必须加班工作。管理层曾考虑过使用临时工来避免加班造成额外的费用，但是如果工人缺乏经验会降低工作效率，这就必须对临时工培训，从而增加培训费用。同时在完成额外订单后工厂就恢复正常生产不需要临时工。所以，管理层最后还是决定采取加班的措施。在政府绩效管理中，事情不多的部门反而得分高的问题时有发生，我们就可以采用黄金分割法加以探索解决，将强力部门与非强力部门的权重按照 1.2∶1 的比例加以区分。

四、建立统筹型绩效管理的初步构想

统筹型绩效管理要解决的问题本身需要统筹。本文拟从管理结构、管理过程、管理机制、管理方式四个方面提出构想。

（一）绩效管理结构

从管理结构看，统筹管理的关键在于：在空间上，需建立横向环节的协同结构，促进各要素之间的协调配合；在时间上，需建立纵向层次的衔接结构，保证各要素之间的顺次衔接。具体在管理实践中，更多地发挥专司绩效管理机构的作用，有助于组织横纵结构化的建设和时空同步性的提高。在较大型的组织中，一般都设有专司绩效管理的机构，但其作用往往未得到充分发挥，主要原因是对专职机构的功能定位偏窄，仅负责本组织内部的绩效管理。充分发挥综合性绩效管理机构的作用，有助于实现绩效管理从单一型、线性模式向多元型、非线性模式绩效管理转变。可考虑将这些机构的职责拓展为既负责本组织绩效管理，又兼顾与上一个层面的其他机构进行绩效协调，同时还可承担综合性、全局性、缺位性（拾遗补阙）绩效管理任务。如我国目前由各职能部门实施的领导班子绩效考核、行政部门绩效评估、公务员绩效考评、社会稳定风险评估等，除了绩效计划、绩效目标、结果应用外，其他业务可交由一级党委政府的专门绩效管理工作机构负责，即可将拟订绩效指标、开展评估管理、控制评估成本等具体事务性工作从评估本体机构剥离，由专业绩效管理机构负责提供统一的评估和服务。这样更符合绩效管理的统一性、规范性、标准化和专业化原则，有助于解决粗放式、随性式管理的问题，提高绩效管理的技术水平，有利于解决多头管理、重复劳动和标准不一等问题，形成绩效管理的合力。

（二）绩效管理过程

从管理过程看，组织系统各环节间要建立先后协调的流程，控制缝隙距和时间差；在同一环节上，要建立各子系统同步协调的流程，实现速度的可控性和差异性。统筹型绩效管理要对这个过程进行管理，重点是对速度的可控性进行绩效管理，使各要素之间保持最合适的进度。① 其运行机制好比接力比赛，在充分了解每名运动员速度的基础上，合理安排接力顺序，恰当控制交接时间，通过对整体中处于弱势地位的“限制性因素”巧妙安排，使得整场比赛或系统运行整体取得“田忌赛马”的卓效。这里的实质问题是，要根据政府部门和岗位的职责性质、在经济社会发展中的作用及在政府整体中的作用，来确定其运行速度方面的要求，该快的要设计出“提挡”、“踩油门”的指标，该慢的要设计出“降挡”、“踩刹车”的指标。如果一个机关中人人、天天都在加班，这个单位的总体绩效一定有问题。

（三）绩效管理机制

从管理机制看，要确保系统实现整体绩效的最大化，需要建立有效的沟通、协调和矫正机制，使各子系统或要素能更好地产生协同效用。在沟通机制和协调机制方面，可通过

---

① 吕栓锋、陈新明：《绩效管理中的“同步达效”问题研究——以大型水利工程项目集为例》，《中国行政管理》2013 年第 6 期。

“任务型组织”的运行来考量其统筹绩效。党政机关“工作领导小组”的机制，一类是非常设机构，如“财政经济工作领导小组”及办公室、“外事工作领导小组”及办公室、“农村工作领导小组”及办公室、“宣传思想工作领导小组”及办公室等；另一类是临时性机构，如“南水北调工程建设领导小组”及办公室。这类组织一般是为了推动某项重大公共政策而设立的，属于“任务型组织”。[①] 这种系统沟通交流绩效的平台，通过其运行绩效，可以看出政策、政令能不能有效执行，上情下达、下情上达、左右协调的绩效如何，是否能够有效降低执行过程中的摩擦成本。在矫正机制方面，主要是分析统筹过程中管理成本和利益分配的问题。从成本角度看，统筹型绩效管理要求绩效增加所带来的收益要大于对组织系统中各要素和子系统的统筹协调成本，达到各要素和子系统的运行成本小于实现整体运行成本的要求。过度统筹协调不仅不利于整体绩效的提高，反而会因为增加统筹协调成本从而使整体绩效降低。从利益分配角度看，统筹型绩效管理强调组织系统中各要素和子系统利益的分配主要以其对实现同步同幅所起作用的重要性或“贡献”大小为依据，以此决定人力、资本、技术、信息等稀缺资源的配置。在管理过程中，避免因为利益分配不合理和整体与个体目标不统一而产生的冲突，是实现整体绩效最大化的重要措施，无法避免的需要矫正。在这方面，政府绩效评估可通过对问责制的建立及作用发挥情况的评估发现问题、改进和提升绩效。

（四）绩效管理方式

管理方式与组织的体制、职能、责任、义务有着紧密的关系，不能离开管理方式来研究结构、过程和机制，也不能离开管理方式来评估绩效。研究政府管理方式、履职方式对绩效的影响，实质是采取“倒逼”路径，从方式方法的角度看政府是不是把该管的事情管住管好，是不是解决了缺位、错位、越位等问题，推动绩效管理为转变职能服务，为提高效率、降低成本和改进作风服务。但目前实施的绩效管理往往对管理方式关注不够。可考虑按照“适应职责性质、提升治理品质、优化人员素质”的要求，衡量政府履职效率、管理效能、服务效果，构建管理方式上的统筹型绩效管理创新体系。所谓依据“适应职责性质”评估管理方式，就是要看政府及部门是不是善于学习和采用当今公共领域不断涌现的新知识群和“行政业态”，在实践中有没有应用政策营销、问责制、网络行政、方格化管理、压力管理、沟通管理、冲突管理、风险管理、合作治理等方式且效果如何。[②] 所谓依据“提升治理品质”评估管理方式，就是看行政机关在创造良好的社会治理结构中的作用发挥得如何，是不是在权力运行方式中做到权力与责任紧密挂钩、与权力主体利益彻底脱钩，能不能保障市场竞争性配置资源作用、行业组织和中介机构自律性管理作用以及公民、法人和其他组织自治性管理作用的发挥。所谓依据“优化人员素质”评估管理方式，就是看

---

① 中国行政管理学会、南京大学、江苏省行政管理学会联合课题组，高小平、孔繁斌：《政府履行职能方式的改革和创新》，《中国行政管理》2012 年第 7 期。

② 中国行政管理学会、南京大学、江苏省行政管理学会联合课题组，高小平、孔繁斌：《政府履行职能方式的改革和创新》，《中国行政管理》2012 年第 7 期。

政府及部门的实际能力和人员素质是不是匹配，有没有采取得力措施提高人员素质。政府官员面临竞争发展的压力，履职方式创新是一个变压力为动力的过程。因此，政府管理方式得当与否，与人员素质直接相关，通过人员素质的状况可以了解组织的统筹绩效状况。

Exploration on Overall Planning in Performance Management

Gao Xiaoping, Chen Xinming

Abstract: The current performance management is not efficient in comprehensively measuring the following aspects: the comprasison of performance between organizations, the nonlinear performance between management and service, the synchronization between public service performance, economic-social development and public needs, overall planning in performance management between system and subsystem and coherence of different stages of implementation of the same task. For the purpose of addressing those problems above, this paper proposed overall planning should be introduced in performance management, which as a result will increase synergy in performance management and develop comprehensiveness and sustainability in organizational performance. This paper analyzes the connotation, basis and characteristics of overall planning in performance management and suggests its further applications.

Key words: overall planning in performance management, organizational performance, performance management

（编辑：吴　帅）

智力密集型产业发展和相关职业岗位开发研究

张小建　李　越　陈斯毅*

［摘要］ 发展智力密集型产业和开发相关职业岗位，是实现中国就业转型的需要，是主动顺应"世界升级大调整"，打造中国经济"升级版"的必由之路，也是从岗位供给源头解决大学生就业难的根本之道。本文从理论上探讨了智力密集型产业发展和相关职业岗位开发的基本问题和意义，并提出相关政策建议。

［关键词］ 智力密集型产业　岗位开发　大学生就业

"十二五"时期，我国就业形势依然严峻。就业任务十分艰巨，特别是解决好每年700万的高校毕业生就业问题更是重中之重。《国务院关于进一步做好普通高等学校毕业生就业工作的通知》明确指出，要适应加快转变经济发展方式和调整经济结构的进程，积极拓展高校毕业生就业领域，在推进战略性新兴产业发展中培育新的就业增长点，着力发展既具有较高科技含量又具有较强吸纳就业能力的智力密集型、技术密集型产业。这为就业工作提出了新的思路。放眼国际，智力密集型产业在新产业革命发展中的引领驱动作用已逐渐成形，随之而来的，则是高端就业市场的拼抢。摆在我们面前的任务，不仅是帮助以大学生为代表的青年人找到工作，实现更高质量的就业，更要打造一支新的青年产业大军抢占全球中高端就业的高地。

正是在此背景下，本文开展了关于发展智力密集型产业和开发相关职业岗位的初步研究，探索发展智力密集型产业的规律，并为国家制定相关政策提供理论支持和政策建议。

一、智力密集型产业概述

（一）智力密集型产业的定义、内涵及外延

1. 经济发展与产业形态的关系

人类社会经济的发展，常常是通过新产业的创生、繁荣与旧产业的衰退、消亡来实现

*　作者张小建系中国就业促进会会长；李越系清华大学教育研究院党总支书记；陈斯毅系广东省人力资源和社会保障厅副巡视员。参与课题报告的主要成员还有党晓捷、王喆、宋建、邢莹、叶赋桂等同志。

的，产业的兴替代谢甚至会引发社会形态的变革，而关键性技术或产品的发明使用，则有可能触发产业革命。新的产业会驱动经济转型和发展，而经济发展会促进社会进步和人类文明。耕具质量的提高、灌溉技术的普及带来了农产品的剧增和农耕文明的进步。纺织机、蒸汽机的发明与广泛使用，使人类步入了规模宏大的工业社会。以硅片和计算机为核心的第三次科技浪潮，将人类带入了前所未有的知识经济社会，而且大大缩短了科技发明和产业升级的周期。可见，不同时代带领经济社会向前迈进的产业都具有智力含量的特征，未来趋势依然。

在不同的经济社会发展阶段，生产要素的投入，特别是劳动者、生产工具与劳动对象的组合不同，形成的产业形态也不同。根据各生产要素投入的比重及作用可将经济产业形态划分为劳动密集型、资本密集型、技术密集型、知识密集型和智力密集型。

2. 相关概念的解析

（1）智力。智力是指“学习、记忆、思维、认识客观事物和解决实际问题的能力”。①人的智力通过教育、培养和学习训练，形成智力资本。

（2）智力资本。智力资本泛指为组织创造价值和利润的智慧、知识、技术、经验、能力等。智力资本是智力密集型产业发展的基础和动力源泉。

（3）智力密集型产业。智力密集型产业是以智力资本为主要生产要素，高度依赖智力成果，大量聚集智力型员工，主要提供以智力、知识、技术、技能、创新、创造、经验、信息为核心生产要素产品和服务的产业。

智力密集型产业包括全产业和半产业。全产业是指主要基于人的智慧、知识、技术技能和创新创造为生产核心要素的产业。半产业是指在生产过程中，为其他组织提供智力密集型服务的产业。智力密集型服务是指由企业或公共部门所提供的含有大量科学、工程、技术、市场等专业性知识信息、方法的服务。②

从实践角度看，智力密集型产业可以界定为拥有较大比重的智力型员工，且产品和服务中智力、技术、技能含量较高的产业，拥有自主创新的研发成果和知识技术专利项目亦是重要标志。

（4）智力型员工。国际著名的安盛咨询公司认为，知识型工作要求员工具备智力输入、创造力和权威来完成。知识型员工主要包括：①专业人士；②具有深度专业技能的辅助型专业人员；③中高级经理。管理大师德鲁克认为，知识型员工就是“那些掌握和运用符号和概念，利用知识或信息工作的人”。据此认为，智力型员工是掌握了相关专业知识、技术技能，并依靠研发应用来开发产品和提供服务的人员。他们通常从事下列职业岗位工作：技术发明、技能创新、产品研发、工程设计、市场营销、资产管理、会计审计规划、法律事务和金融管理、咨询顾问、培训教育、人力资源管理等。

（5）智力密集型岗位。从事以智力、智慧、知识、技术、经验、能力、信息为核心投

---

① 参见《辞海》（第 6 版），上海辞书出版社 2009 年版，第 2955 页。

② OECD, *Innovation and Knowledge-Intensive Service Activities*, Paris: OECD, 2006.

入要素，为组织创造价值和利润的工作岗位。主要包括技术发明、技能创新、产品研发、管理经营、生产优化、工程设计、市场营销、资产管理、会计计划、法律和金融事务、咨询顾问、方案解决、培训教育、人力资源管理等。

3. 从知识型经济到智力型经济

“知识经济”一词，最早出现于20世纪90年代中期，目前，国际上讲得比较多的是知识密集型（knowledge intensive）产业。本文认为，知识密集型产业更多地侧重于知识、技术和专利等方面，主要是从物质的和固化的角度来分析的。而智力密集型产业则更多地侧重于智慧、技能、经验等，主要是从人的智力应用和动态的角度来看的；也正因为如此，知识密集型产业偏重于高科技产业，而智力密集型产业涵盖更广，不仅包括知识密集产业，还包括智力人员密集产业。二者有所不同，但在实质上是共通的。

知识密集型和智力密集型产业都需要综合运用多门学科的最新科学研究成果，依赖于特定学科或领域内的专业知识和技能、提供以知识为基础的产品和服务；生产中技术装备、产品设计及工艺过程比较先进、复杂，机械化和自动化程度较高，投资费用较大；中高级科技人员比重大，操作人员也要求有较高的文化科学知识，并熟练掌握复杂先进技术；需要花费较多的科研时间和产品开发费用生产高精尖产品；使用的简单劳动力和消耗的原材料较少，对环境污染较小。这些产业和行业包括电子计算机、飞机和航空航天工业、大规模和超大规模集成电路、核工业、精密仪器仪表、海洋开发研究、电子工业、计算机软件设计、信息处理、技术和管理的咨询服务、技术专利和信息产业等。较之知识密集型产业，智力密集型产业还包括了更多的服务和文化产业。

（二）智力密集型产业与劳动、资金、技术密集型产业的关系

1. 与劳动密集型产业的关系

劳动密集型产业投入要素以大量简单劳动为主，需要的投资小、技术含量低；对劳动者体力要求高、学识和智力要求低；使用劳动工具比较简单，生产过程及产品的科技含量低；生产活动中几乎不涉及原创性、创新性工作。因此，劳动密集型产业是吸纳一般劳动力较多，并依靠劳动者简单体力劳动进行生产的产业。劳动密集型产业与智力密集型产业对生产要素的要求是明显不同的。但随着社会生产的不断发展和技术的更新，劳动密集型产业使用的工具、生产的产品，特别是在组织、保障大规模生产等环节中，也开始显现技术和智力密集的特征，因此在一些岗位上也需要智力型员工。

2. 与资金（资本）密集型产业的关系

目前资金密集型产业可以按照资金用途划分为：使用大量资金购买其他生产资料的第二产业，如采矿业、金属冶炼业、化工产品加工制造业；以资金本身为生产资料和劳动对象的金融投资行业。二者的共同点是，在各生产要素投入中，资金所占有的比重远远高于劳动力、技术等要素比重，单位投资能容纳的劳动力较少，生产过程比较复杂。二者不同

之处在于，前者的生产设备比较庞大，绝对依赖自然资源，原材料消耗量较大；而后者不需要重型设备，主要依赖于人的智力、经验及判断。因此，对员工的学识和技术能力要求较高的金融投资行业属于智力密集型产业。而随着企业的不断发展细分，已出现从不同专业领域为第二产业企业提供专业性知识服务的智力密集型半产业。因此，属于资金密集型的产业既与智力密集型产业有所不同，又与其有内在联系。

3. 与技术密集型产业的关系

技术密集型原指在电气时代，由第二次技术革命所带来的电力技术、自动化技术的广泛使用。随着时代的发展，这些概念也被不断赋予新的含义。科学技术所带来的经济发展和生活进步，使得今日所提及的技术密集早已突破了电气时代所指的技术密集，而更多的指向生物、航天、计算机软硬件等高新技术。技术密集型产业是以技术为基础，以技术的投入产出为主进行生产和服务的产业。主要依托高技术人员发展，吸纳就业人员较少。因此，与智力密集型产业既有联系，又有所不同。20 世纪 80 年代后，信息技术不断进步，并广泛应用到各个领域，技术密集型经济也在一定程度上与智力密集型产业和经济融合。

4. 与各产业形态既有区别，又有内在联系

不同类型产业之间，存在着继承发展、相互渗透和交融的关系。本文认为，发展智力密集型产业对其他业态而言，是相互促进、共同繁荣的。比如，一些劳动密集型产业正在提升其技术、智能的含量；资本密集型产业同样需要一定数量劳动力的参与；技术密集型产业需要资本投入，且有些环节也是劳动密集型；知识密集型产业必须具备核心技术和知识；智力密集型产业需要大量高水平脑力劳动者、研发资金、尖端设备投入、核心技术以及专业知识。

经济产业的竞争主要是科学技术与人才的竞争，而归根结底是人才的竞争。拥有大量智力型员工的产业更容易产生协同、耦合效应，增加企业的规模效应，是未来需要国家重点扶持的产业发展方向。智力密集型产业是在劳动密集型、资本密集型、技术和知识密集型产业发展基础之上，以拥有大量丰富智力资本的劳动者为条件，以智力资本为主要生产要素，同时协调资金、技术、知识等要素，发挥大量智力型员工密集效应，生产和创造高科技、新知识、前沿信息、高附加值产品为核心的产业。

（三）智力密集型产业涉及的行业和相关职业

1. 智力密集型产业涉及的行业

按照国民经济行业分类标准（GB/T 4754-2011），智力密集型产业涉及的行业包括：

（1）智力密集型制造业。行业分类标准中，制造业包含 31 个大类，其中医疗仪器设备制造、航空航天器及设备制造、电子器件制造等这些行业中的制造研发机构属于智力密集型。

（2）智力密集型服务业。智力密集型服务业主要是商务服务业，包括企业管理服务、投资与资产管理、法律服务、咨询与调查、人力资源服务，如各类咨询公司、猎头公司、律师事务所等。此外，还有信息传输、软件和信息技术服务业，包括互联网和相关服务、互联网接入及相关服务、互联网信息服务、其他互联网服务、软件开发、信息系统集成服务、信息技术咨询服务、数据处理和存储服务、数字内容服务，如谷歌、百度、阿里巴巴、脸谱（Facebook）、微软等。

（3）智力密集型金融业与文化行业。智力密集型金融业包括财务公司、证券、基金、投资、保险、信托、评级机构等。智力密集型文化产业包括电影电视制作发行、文艺创作与表演、动漫产业等。

2. 智力密集型岗位

与智力密集型产业（行业）相关的职业岗位包括：各类新产品的设计师，各类筹划师、咨询师、管理师以及一些智力加技能操作为主的一线员工。其中，从事通信行业的企业中的智力密集型岗位包括：相关技术带头人和项目管理者、研发工程师、设计师等。与传统产业相比，智力密集型产业的相关职业岗位具有独特的发展规律。在该产业迅猛的发展过程中，往往伴随着规模的扩大与层次的提升，不断衍生创造出大量的新型就业岗位，并且现行职业标准难以与之对应。

据南京市对中国（南京）软件谷的调查显示，其产值每增加 100 亿元，将新增智力密集型岗位 1 万个左右，其中研发岗位 6000 个左右，销售岗位 2500 个左右，管理岗位 1500 个左右。按软件谷发展目标，到 2015 年，业务收入将突破 2000 亿元，将新增智力密集型岗位 12 万个左右，其中研发岗位 7 万个左右，销售岗位 3 万个左右，管理岗位 2 万个左右。研发岗位主要包括软件架构师、软件研发工程师、硬件研发工程师、芯片工程师等；营销岗位主要包括项目经理、销售经理、销售专员、动画制作师、市场运营经理、市场拓展经理等。另据广东省的调查显示，智力密集型企业在创造技术研发、经营管理、营销服务等技术含量高的高端岗位方面具有明显优势。如深圳华为公司共有员工 15 万余人，其中研发人员就达 6.2 万余人，占公司总人数的 44%；中兴通讯公司共有 7 万余名员工，其中研发人员就达 3 万余人。智力密集型产业能够创新创造出大量技术技能含量高的岗位的这一优势，值得我们密切关注。

二、发展智力密集型产业及开发相关职业岗位的重要意义

（一）与经济结构调整和产业升级相适应，促进我国经济转型

1. 智力密集型产业对未来世界产业格局有决定性作用

20 世纪 90 年代，美国实现了以经济全球化为背景的信息技术革命，以及由此带动的以高新科技为龙头的新经济。美国从 80 年代开始经历了第二次世界大战结束以来最深刻的产业结构调整，以信息业为核心的高科技产业得到长足发展，传统产业也得到有效改造，国际竞争力显著增强。高新技术的广泛运用使劳动生产率大幅度提高，高新技术企业的丰厚

利润和高回报率造就了股市的繁荣，从而通过巨大的财富效应刺激个人消费。英、法、德、日等国家纷纷效法，大力发展智力密集型产业，抢占产业制高点。特别是进入新世纪以后，随着以国际商业机器有限公司（IBM）、微软、索尼、谷歌（Google）、苹果等一大批企业为领头羊的智力密集型产业崛起，发达国家更加清晰地意识到，引领智力密集型产业即是掌握世界产业格局的未来走势。当下扶持发展智力密集型产业是在未来世界产业格局中占据一席之地的有力保证。

经济全球化的大背景使得世界各国、各地区在贸易、金融、生产、投资、政策协调等方面跨越国界和地区界限。一个明显的特点是，发达国家利用跨国并购或直接设厂等方式，向不发达国家转移劳动密集型产业、环境污染严重的产业或其他成熟技术和产品生产线，利用这些国家的廉价资源和生产要素，而在本国集中力量发展高科技产业，并通过进口劳动密集型产品和其他日常消费品，以及向不发达国家销售高智力密集制成品和提供服务赚取大量的利润。由此可以看出，以智力密集型产业所代表的新兴产业，不仅对未来世界的产业和经济格局有决定性作用，并且也会影响国际高等教育、生态环境和世界政治格局。

2. 发展智力密集型产业有利于我国经济转型

经过改革开放 30 多年的发展，我国经济总量已跃居世界第二位，社会生产力、经济实力、科技实力都迈上一个大台阶，但是，资源依赖、出口依赖、粗放式发展路径不可持续的问题日益突出。以劳动密集型产业为主体的出口加工型经济已难以适应我国今后发展需要，简单体力劳动的人口红利逐渐萎缩，社会保障资金压力渐增；并且随着其他发展中国家开放劳动力市场，我国人工成本优势不再明显。由于未能掌握国际话语权和定价权，主要生产资源、大宗商品及外汇价格大幅波动，使得大批微利的加工型企业濒临倒闭。发达国家在新一轮经济危机后减少对外投资，甚至出现集体撤资的情况；加之，贸易保护主义抬头，针对我国廉价商品的反倾销、反垄断诉讼激增，贸易摩擦频繁发生。国际紧缩的环境加上国内资源环境的恶化，倒逼我国经济转型和产业升级。

我国经济增长方式转型，必须实现三个转变，由主要依靠投资、出口拉动向依靠消费、投资、出口协调拉动转变，由主要依靠第二产业带动向依靠第一、第二、第三产业协调带动转变，由主要依靠增加物质资源消耗向主要依靠技术进步、劳动者素质提高、管理创新转变。在经济全球化和国际竞争日趋激烈的条件下，经济增长与转型必将以发展新兴的智力密集型产业为承载和路径。智力密集型产业以制造业、服务业的现代化为主要发展方向，同时也能够促进第一产业的发展。因此，发展智力密集型产业与我国经济转型在内涵上是一致的。此外还应当看到，中国经济转型和产业升级与以往其他国家工业化相比也有很大的不同，其中最大的有利因素就是可以充分利用现代信息产业的快速发展的成果，从而大大提升资源配置的效率，在制造业的数字化、信息化方面实现跨越式推进。特别引人注目的是，在智力密集型产业中的一些行业，已经显现出智力引领的明显趋势，如 IT 行业的大规模系统软件的组织开发，某种程度上成为推动产品升级及其产业升级的主导因素；其中智能手机的开发已从硬件驱动转向软件驱动和软件引领的时代。随着云计算和物联网的发展，这种智力先导、智力引领和智力驱动的产品升级、产业升级和经济转型的趋向将最终形成不可阻挡的趋势。

（二）提高我国经济竞争力，占领世界经济竞争的高地

1. 世界经济竞争中的中国制造与中国创造

在世界经济竞争中，各国通过生产自身具有比较优势的产品参与国际竞争。改革开放30多年来，中国制造的奇迹是与我国低廉的劳动力价格紧密联系的。在全球制造业增加值（MVA）中，我国所占比重由2000年的6.7%增长至2010年的15.4%，成为继美国之后的制造业第二大国。但是，中国制造的成就难以掩盖我国与世界一流制造强国的差距。我国制造业的劳动生产率仅为美国和日本的5%，在品牌、技术、管理、盈利等方面与世界级跨国公司差距巨大。缺乏自主创新的核心技术是中国制造业最大的软肋。在价值链上中国往往充当来料加工的配角，越来越多的外资企业计划将投资转向印度、越南、菲律宾等劳动力成本“洼地”。这些都说明我国依然处在世界经济竞争的低地。

我国参与世界经济竞争的方式存在一定的阶段性。改革开放初期，我国就像一个刚进城的农民工，凭着一把子力气在世界经济竞争中拼搏出了自己的成功。通过30多年艰苦卓绝的奋斗，积累了物质和文化智力基础，学习并掌握了科学技术，具备一定的创新能力，有的行业领域差距已经缩小。由此起步新的立业梦想，而不再满足于给别人干一辈子体力劳动。实现由“中国制造”向“中国创造”转变，就是要改变我国在国际市场上“打工仔”的定位，树立起一个以创新创造为民族精神的国际形象。只有努力发展中国创造的智力密集型产业，凭借智力型劳动者的提升和核心技术知识的打拼，制造和提供更好、更高质量、更具知识技术含量的产品和服务，奋力向全球产业链上游攀爬，实现由“中国制造”向“中国创造”的飞跃，才能树立国际大品牌，争取国际话语权，成功登上世界经济竞争的高地。

2. 发展智力密集型产业有利于中国创新型国家的建设

我国提出在2020年建成创新型国家，使科技发展成为经济社会发展的有力支撑。创新型国家是指以技术创新为经济社会发展核心驱动力的国家，应具备以下四个特征：一是创新的投入高，国家研发投入即R&D（研究与开发）支出占GDP的比例一般在2%以上；二是科技进步贡献率达70%以上；三是自主创新能力强，国家的对外技术依存度指标通常在30%以下；四是创新产出高。我国把推进自主创新、建设创新型国家作为一项重大战略决策，一个重要的目的就是为了在国际竞争中赢得主动，依靠科技创新提升国家的综合国力和核心竞争力。

大力发展智力密集型产业对于实现我国创新型国家建设，具有非同寻常的意义。《国家中长期科学和技术发展规划纲要（2006—2020年）》提出：“以建立企业为主体、产学研结合的技术创新体系为突破口，全面推进中国特色国家创新体系建设，大幅度提高国家自主创新能力。”完成创新型国家建设的目标时间紧、任务重。因此，应将发展智力密集型产业作为重要突破口。发展智力密集型产业就是扶持众多创新型企业，引导企业增加研

发投入，特别是在市场应用前景较明确的领域，建立企业牵头组织、高等院校和科研院所共同参与实施的有效机制。同时推动为企业服务的各类科技中介服务机构的发展，促进企业之间、企业与高等院校和科研院所之间的知识流动和技术转移；加快现代企业制度建设，增强企业及员工自主技术创新的内在动力；营造良好的创新环境，扶持中小企业的技术创新活动。总之，发展智力密集型产业是建设创新型国家的重要环节和重要举措。

（三）有利于开发适合大学生就业的新领域和新岗位，促进大学生就业

1. 智力密集型产业的职业岗位特点适合有志青年

智力密集型产业的职业岗位主要涉及技术研发、产品设计、生产优化、方案解决、管理经营等方面。对从业者的学历、专业、智力水平和创新能力具有一定的要求。从业者必须接受较高的教育和专业化训练，具备相关学科和技术的理论知识基础和应用操作能力，同时具有创新思维和创造能力。

智力密集型产业的职业岗位大多适合青年人。对智力密集型产业岗位的人力资本投资要求高，不仅是起点高，还要有从业后的继续教育，以保证员工知识更新和人力资本升值。此类岗位的待遇一般较好，薪酬水平较高，较适宜激发创造性思维。此外，智力密集型产业的岗位工作有一定挑战性，适合激发青年从业者创造力和活跃的思维能力；劳动对象具有前沿性、知识性和开创性，青年人能够结合自身兴趣爱好不断迸发出工作热情和力量；智力密集型产业的岗位都具有事业性的特征，激发青年人的事业心及理想抱负，青年人可以将其作为毕生事业，将个人的成长与岗位和事业发展有机地联系起来。当然，智力型就业要求从业者付出更多的脑力和精力，对学习能力、创新精神和艰苦奋斗精神的要求也会更高。

2. 发展智力密集型产业有利于促进大学生就业

近年来，我国高等教育每年都向社会输送 700 万名左右的大学毕业生。大学生能否顺利就业，是关系着我国高等教育成败和社会安定的重大问题。由于大学毕业生群体接受多年的高等教育的培养和熏陶，国家和个人又分担了一定的人力投资成本，让其从事简单体力劳动既不符合个人家庭对教育的期待，同时也意味着浪费了一部分社会资源。因此，开发大量与大学毕业生素质和发展预期相匹配的就业岗位成为安国利民必不可少的措施。

智力密集型产业需要大量中层研发人员及具有一定创新精神、创意思维的从业人员，同时，智力密集型产业岗位具备重视人力投资、挑战性、开拓性和事业性等特征，恰好符合大学毕业生的就业心理预期。因此，大力发展智力密集型产业、创造大量智力密集型工作岗位，是吸收和解决大学毕业生就业，促进大学毕业生高水平、高质量、高素质就业的必然选择。

智力密集型产业需要大量具有专业知识、技术技能的青年科技人员，与国际相比，我

国在这方面具有一定优势。例如，天宫一号目标飞行器研制团队的平均年龄只有30岁，神舟七号、八号、九号的研制团体的平均年龄也不过30多岁，并且都具有理工科的背景。我国的大学和职业教育的理工科占较大比重，而美国近年来科学、技术、工程和数学（STEM）领域的大学生只占5%—10%，大部分学生倾向于历史、社科和金融等领域。这从某种意义上反映出美国的经济“虚拟化”之后人才“虚拟化”的影响。

（四）打造我国新一代产业大军，在全球就业竞争中赢得先机

1. 有利于打造新一代产业大军，实现就业转型

发展智力密集型产业有利于转变就业模式，打造新一代产业大军。智力密集型产业需要的是具有创业和创新能力的人才，这类人才具有主动就业和创业的特点，而不再是等着被雇佣和被安排就业。随着智力密集型产业的发展，这类人才也会不断增多。与传统产业工人相比，这些具有高学历、知识丰富、技能突出的人才将形成我国新一代高素质产业大军，从而在全球占据新兴产业的高地。智力密集型产业的发展也会倒逼中国的高等教育进行改革。通过高等教育改革，为智力密集型产业培养所需要的高技术、高技能的创业和创新型人才。

2. 发展智力密集型产业有利于创新人才与产业人才的培养

教育处于政府、市场、企业之间的场域中，深受各方影响。学校培养的人才最终要走向工作岗位，接受社会、市场、企业的考验。同时，政府、市场、企业也希望教育向着符合其利益诉求的方向发展，并对教育施加影响。

智力密集型产业和企业自身需要大量创新型人才输入，并向教育提出培养创新型人才的诉求；智力密集型企业具备协同创新的动力，会促进高校、科研院所与企业共享科技教育资源，推动创新组织模式形成，培育跨学科、跨领域的科研与教学相结合的团队；高校学生可以进入智力密集型产业实习实训，在实践中培养和锻炼创新能力；智力密集型企业的科研项目能够促进大学科研与教学互动。因此，发展智力密集型产业，探索智力密集型产业与高等学校、科研机构密切合作共建、培养创新型人才的改革模式，推进高校、科研院所、社会团体与智力密集型企业的资源共享，形成协调合作的有效机制，能够提高创新人才培养水平，提高我国科技创新能力和国际竞争力。

同时，发展智力密集型产业对我国继续教育的推进也有重大的实用价值。产业创业和企业的发展，使其对相关人才和从业人员素质的要求不断提高。学习新知识、新技术、新技能，更多要依靠在职和岗位培训、进修和深造。

因此，可以说智力密集型产业是人才天然的成长土壤，二者具有紧密的共生性。发展智力密集型产业，为智力密集型企业提供良好的外部环境，必将促进一大批产业人才的涌现，进而有力地支撑起国家新一代青年产业大军。

三、发展智力密集型产业及开发相关职业岗位的指导思想、基本原则和目标任务

（一）指导思想

基于上述分析，我们认为，智力密集型产业不仅属于新兴产业，而且是国家战略性产业，我们在指导思想上应当始终坚持以科学发展观为指导，抓住世界技术和产业发展的新机遇，结合我国国情和经济社会发展的现有基础、独特优势和现实需求，把加快培育和发展智力密集型产业上升为国家发展战略，作为推进产业升级的主攻方向，以体制、技术创新为动力，以提升产业国际竞争力为目标，着力发展智力密集型产业，着力打造新的产业“升级版”，加快以信息技术为核心的智慧技术在经济社会各个领域的全面推广和集成应用；同时把大力发展智力密集型产业与扩大就业紧密结合起来，坚持在发展智力密集型产业过程中，着力挖掘新的就业增长点，创造更多的适合大学生就业的岗位，丰富就业层次结构，提升就业质量；注重构建促进产业发展与就业结构调整的良性互动机制，促进人才与产业合理配置，以实现充分的、更高质量的就业，促进经济社会持续健康发展。

（二）基本原则

1. 明确方向，统筹规划

坚持把发展智力密集型产业作为抢占新一轮国际经济和科技发展制高点的重大战略和主攻方向，选择我国最有基础和条件的优势产业作为突破口，统筹规划、科学布局、集中资源、重点突破、分步实施、有序推进，实现产业重点领域跨越发展与产业层次结构整体协调发展，力争实现产业发展与就业良性互动。

2. 政府引导，市场运作

坚持政府引导、扶持与发挥市场机制作用相结合的运行机制，对关系经济社会发展全局的重要领域和关键环节，加强政府规划引导、资金投入和组织协调，在充分发挥市场配置资源的基础上，根据市场需求，以战略眼光统筹考虑近期和中长期的发展规划，集中力量力争在一些关键核心技术和有市场需求的领域重点突破，以引领和推动智力密集型产业加快发展。

3. 政策激励，资源整合

制订出台鼓励智力密集型产业发展和培养引进高层次高技能人才的规划和政策，通过政策激励和引导，整合官、产、学、研、资和人才等资源，以企业为主体，吸纳高素质员工。依托高技术高技能人才，掌握和应用关键核心技术，推进包括品牌、技术、商业模式、产业制度、业务流程等在内的全方位自主创新，增强智力密集型产业持续发展能力。

4. 典型引路，整体推进

认真总结国内外发展智力密集型产业的典型经验和培养吸纳高素质就业的成果，加大宣传力度，充分发挥先进典型的示范引领作用。同时，组织力量，着力开发智力密集型企业相关职业岗位，根据新的岗位需求，改革现行人才培养模式，全面提升劳动者素质，促进产业与人力资源的有效匹配，推进全社会在实现充分就业中提高就业质量。

（三）目标任务

根据对全球化、信息化趋势的把握，以及我国未来经济社会发展的总体判断，提出我国近期智力密集型产业的目标任务。

第一，按照整体布局，突出重点，分步推进的思路，对具有一定技术基础和潜在优势的新一代信息技术、新能源、新材料、节能环保、生物、高端装备制造以及现代服务业等产业进行重点突破加快发展，力争在“十二五”期末形成一批在国际上处于领先地位的智力密集型产业体系，建设一批带动力强的重大项目和重大产业基地，形成一批集聚度高、竞争力强、产业链完整的产业集群，力争使智力密集型产业增加值占国内生产总值的比重达20%左右；至2020年，其增加值占GDP的比重达30%左右。

第二，根据智力密集型产业发展的要求，大力开发一批适应新产业需要的职业及相关教育培训资源，培养与产业发展相匹配的各层次、各类型人才，为高层次、高技能人才就业提供适合的职业岗位。

第三，加快培养造就一批与智力密集型产业发展相适应的高层次、高技能人才和创新创业团队。在发展智力密集型产业过程中，形成经济发展与扩大就业、产业升级与提升就业质量良性互动的长效机制，力争到2015年在智力密集型产业就业的人数占城镇从业人员总数的比重达到20%以上。

四、加快发展智力密集型产业及开发相关职业岗位的对策建议

产业发展是人才成长和集聚的重要载体，人才集聚和实现充分就业是产业发展的重要支撑。特别是大力发展智力密集型产业对于增加新的就业岗位、提升人才技能水平、促进经济发展、解决就业问题等方面都具有重要的作用。因此应从规划政策、财政支持、教育培训、人才匹配、用人环境等多方面，采取措施，促进产业发展和实现充分就业。

（一）把发展智力密集型产业纳入各级党委、政府重要议事日程，列入经济发展和促进就业规划

建立智力密集型产业发展齐抓共管的工作机制，加强统筹协调与指导；把开发智力密集型产业中新的就业岗位纳入促进就业规划；把智力密集型产业吸纳大学生就业列为就业目标责任；大力开发适合智力密集型产业发展的相关职业岗位及职业标准，为培养和引进人才提供依据。

（二）科学布局，突出重点，努力实现重点地区重点行业智力密集型产业的突破性进展

制订地区和行业发展规划，引领智力密集型产业重点突破和发展；坚持以高新技术产业园区为重要载体，重点扶持发展拥有关键技术或产业集群的智力密集型企业；坚持以人为本和以需求为导向，大力发展高新技术服务业。

（三）加强各类研发平台建设，为大学生就业及其施展才华提供岗位

积极引导企业增加科研投入，建立以企业为主体的技术创新体系；鼓励构建以大学和科研院所为主的知识创新体系；加快以高新技术开发（产业转移）园（区）为主要载体的创新创业服务平台建设；加强政府主导的科技基础设施和技术创新公共服务平台建设。

（四）深化教育体制改革，打造一批世界一流的高层次、高技能人才培养基地，着力培养优秀的智力密集型产业后备军

以新兴产业发展为导向，引领和深化高校教育体制改革；打破封闭式的教育体制，实施校企对接合作培养人才计划；实施智力密集型产业人才培养开发战略，形成新兴产业职工继续教育体系。

（五）落实措施，加大培养和引进“双高”人才力度，营造良好环境

制订实施产业、岗位与人才对接培养计划；采取多种形式，实施重点人才引进计划；加强人力资源公共服务体系建设，促进人才要素向新兴产业集聚；完善制度，营造吸引高层次、高技能人才的良好环境。

（六）加强宣传，充分发挥典型引路的示范效应，扩大社会影响

大力宣传各地发展智力密集型产业及开发相关就业岗位的政策和经验，引导与推动新兴产业的发展；大力宣传智力密集型企业引才、用才、留才经验，促进新岗位的开发和人才的使用；树立高校毕业生就业创业的典型，引导高校毕业生自主创新创业。

参考文献

[1] 国际在线：《美国多重部门通过鼓励创业创新促进毕业生就业》，http：//spzx. foods1. com/show_ 1600482. htm。

[2] 荆德刚：《中美高校毕业生就业的比较分析》，《中国教育报》2008 年 11 月 3 日。

[3] 欧盟：《2012 年就业与社会状况报告》。

[4] 何德功：《日本就业结构变化的启示》，《经济参考报》2011 年 1 月 14 日。

[5] OECD, *Innovation and Knowledge-Intensive Service Activities*, OECD, 2006.

[6] OECD, *New Sources of Growth: Knowledge-based Capital - Interim Project Findings*,

Meeting of the OECD Council an Ministerial Level, May, 2012,
[7] European Commission, *New Skills for New Jobs: Policy Initiatives in the Field of Education: Short Overview of the Current Situation in Europe*, 2010.
[8] Bjørnavold, Pevec Grm, *The Development of National Qualifications Frameworks in Europe*, CEDEFOP Working Paper, 2010, No. 8.

Development of Intelligence-Intensive Industry and Its Relevant Job Exploitation

Zhang Xiaojian, Li Yue, Chen Siyi

Abstract: The development of intelligence-intensive industry and its relative post exploitation is not only the route to realize the Chinese employment transition, to initiatively adapt to "the world upgrading adjustment", but also an important way to turn China's economy into an upgraded version and furthermore solve the issue of college student employment from the source of jobs supply. For the above purpose, the research project discusses the theoretical and practical issues of development of intelligence - intensive industry and its related job development and also put forward several suggestions for relevant government departments to formulate relevant policies.

Key words: Intelligence-Intensive industry, job developement, college student employment

（编辑：冯　凌）

中国就业质量分析与对策建议*

王　阳**

［摘要］　就业质量是一个主客观结合、宏微观皆有的概念范畴。依据就业质量指数的国际比较框架，发现在当前经济发展水平下，中国就业质量明显偏低，并表现为：人力资源市场存在就业歧视、强迫劳动，收入分配格局失衡，劳动标准欠执行，劳动者就业能力低，职业安全健康保护不力等。今后一段时期，中国改善就业质量，需要政府、社会、企业、劳动者达成共识，相互配合。立足于转变发展战略的需要，参考同时期、同阶段其他国家经验，近期以劳动者平等就业为重点，中长期以形成政府综合治理、社会充分参与、企业自觉履责、劳动者积极推动的格局为重点，建设就业质量改善的多方合作与对话机制，促进实现包容性增长。

［关键词］　就业质量　人力资源市场　就业质量指数

自2003年起，我国进入人均GDP从1000美元向3000美元的过渡时期。该时期往往被国际社会称为“矛盾多发期”。最近两年，我国一些地区大规模劳动者群体性事件屡见不鲜。社会矛盾的多发，表明改革、发展和稳定三者关系仍存在不协调性。

长期以低成本、劳动密集型产业为主的粗放型经济增长模式，造成劳动者长期处于弱势地位。企业靠压低劳动成本赚取利润，劳动者不得不处于恶劣的就业环境中，工作待遇和劳动权益保障长期处于低水平。当前，世界经济格局正在加速重构，中国的经济增长模式和企业生产方式也亟待加快转型，人力资源市场上劳动力结构不适应转型需要与就业质量不高的矛盾同时存在，令就业形势日趋复杂、严峻，因此分阶段、分劳动者群体、有重点地提升就业质量是实现产业升级转型、降低社会稳定风险的题中应有之义。

一、就业质量的概念及研究回顾

（一）就业质量的概念

就业是劳动者与生产资料结合，从事社会劳动并获得报酬或经营收入的经济活动，包

* 本文系国家发展和改革委员会宏观经济研究院2012年度重点课题“新形势下我国就业问题研究”的部分研究成果。

** 作者系国家发展和改革委员会社会发展研究所助理研究员，经济学博士。

括数量和质量两个方面。其中，就业数量反映的是有多少劳动者能够与生产资料结合并获得相应收入；就业质量反映的是劳动者与生产资料结合的状况，包括工作的性质（此处指是否为自由、自愿的选择就业）、聘用条件、工资水平、工作稳定性、工作环境、社会保险和劳动关系等主要内容。① 就业质量不仅关系到劳动者的权益保护，其优劣还会直接影响到就业数量。好的就业质量能增强就业的稳定性，减少招聘工人的成本，提高企业的经济效益，进而带来企业生产规模的扩大和用工数量的增加。反之，低劣的就业质量会降低就业的稳定性，使摩擦性失业增加。

20世纪70年代以来，全球发生了福利国家转型、经济全球化加快、信息化革命到来以及人口老龄化等一系列的经济社会变迁，从而在多个方面对经济政策和社会政策产生了极大影响，使得一些新的社会问题在欧美国家凸显。其中，在人力资源市场上，长期失业、公民"相对剥夺感"增强、弱势群体边缘化、青年人失业、非正规部门就业质量低下等现象十分突出。不少研究指出，这些现象的出现与20世纪末以来经济全球化在发达国家和发展中国家中推动的劳动力市场非标准化（unstandardized）或者灵活化（flexibilization）分不开。于是，人们开始说，"充分就业"时代结束了。在绝大多数国家，越来越多的工人担心失去工作。与就业质量高度相关的话题就业安全（employment security）日渐成为公众关心和研究者关注的话题。世界各国都在积极调整经济政策和社会政策，尤其是推行积极劳动力市场政策，消除弱势群体所面临的社会排斥。

（二）研究回顾及评述

综合国内研究可以得到三个基本判断：第一，就业质量是一个主客观相结合的范畴，应从两个角度评价。如秦建国构建的就业质量指标体系包含4大维度，即就业前的主客观前提指标、就业岗位质量指标、就业满意度指标以及就业宏观表现指标。② 第二，就业质量是一个涵盖宏微观层次的范畴，应从多个层次把握测量内容。微观层面关注与劳动者个体就业状况相关的内容要素。如李军峰将就业质量的内涵划分为9个层次，包括工作性质、工作条件、机会平等、社会保障、稳定与安全、健康与福利、个人尊重、职业发展及劳资关系等③。宏观层面聚焦某个范围（如国家、地区或行业）的就业质量，探讨劳动者整体从工作中获得的效用和价值。如刘素华使用了社会保险参保率、劳动合同签约率、平均工资等宏观的统计数据。第三，就业质量不等同于"体面劳动"，但是后者可以直接反映前者的水平。如刘素华从工作差异性的角度建立了企业整体就业质量指标体系，其中有4个一级评价要素（即聘用条件、工作环境、劳动关系和社会保障）和17个二级评价要素（聘用条件分为劳动报酬、工作时间、工作稳定性、职工培训等4个；工作环境分为物理环境、安全环境、心理环境等3个；劳动关系分为劳动合同、工会组织、平等协商和集体合同、民主管理、社会对话等5个；社会保障分为养老保险、医疗保险、失业保险、工伤保险、

① 刘素华、韩春民：《对就业质量评价和定期发布制度问题探析》，《学术交流》2007年第1期。

② 国福丽：《国内就业质量研究述评：涵义、量化评价及影响因素》，《中国集体经济》2008年第24期。

③ 国福丽：《国内就业质量研究述评：涵义、量化评价及影响因素》，《中国集体经济》2008年第24期。

生育保险等5个)。[①] 这一指标体系相对比较全面，尤其是将工作的心理环境纳入其中，这在其他劳动者就业质量的评价指标设计中基本没有涉及。

国外学者和国际组织的研究有三个主要进展：第一，重点从工作质量层面度量就业质量，使用的指标包括工作满意度、自由、公平、工作生活平衡度、个人尊严和安全等。如乔瑞（R. Johri）、达瓦纳（Davoine）和埃雷尔（Erhel）等使用了工作收入、工作稳定性和工作满意度3个指标。第二，业已形成对一个经济体就业质量的整体评估框架。国际劳工组织倡导使用“体面劳动”指标，欧盟委员会提出了“工作质量”指标[②]，欧洲基金会构建了“工作和就业质量”指标（quality of job and employment）[③]。2005年，上述三个国际组织同意就建立统一的“就业质量”（qualitty of employment）指标体系开展研究。2010年2月，统一的指标体系编制完成，包括了劳动安全与规范、劳动报酬、工作时间及工作与生活平衡度、工作稳定性与社会保护、社会对话、技能培训与发展、员工关系等7项指标，并发布了包括加拿大、芬兰、法国、德国、以色列、意大利、墨西哥、摩尔多瓦、乌克兰等9个国家的就业质量国别报告。[④] 第三，针对工作岗位开发“就业质量指数”，构建信息发布制度。加拿大帝国商业银行（CIBC）经济委员会开发了就业质量指数（Employment Quality Index，EQI）。该指数共包含三个分项指数：相对就业补偿指数（Weighted Ratio of Employment in High-paying & Stability Industries to Jobs in Low Paying & Stability Industries）、就业稳定性指数（Ratio of Paid Employment to Self-Employment）和全职等量就业比重（Ratio of Full-Time to Part-Time Employment）。[⑤] 相对就业补偿指数用以衡量经济中不同部门间的薪金差别，具体的取值等于给定行业的净就业量变化与各自行业的补偿得分的乘积，其中补偿得分指某一行业平均周工资占整个经济的平均周工资的比重。若就业补偿指数下降，就说明新创造就业中的多数是低报酬的。就业稳定性指数用以衡量维持当前工作6个月以上的可能性，具体的取值等于给定职业的净就业量变化与各自职业的稳定得分的乘积，其中稳定得分指从事某一职业在6个月到12个月的劳动者（在给定时间点t考察）的数量，同从事该职业仅有6个月乃至6个月以下的劳动者（在时间点t-6考察）的数量的比率。若就业稳定性指数下降，就说明新创造就业中的多数是缺乏就业稳定性的。全职等量就业比重是指劳动力市场中全职就业量占全部就业量的比重，具体的取值等于兼职和全职就业增长量与各自得分的乘积，其中全职得分为1，兼职得分为0.5，即两个兼职就业就相

---

① 国福丽：《国内就业质量研究述评：涵义、量化评价及影响因素》，《中国集体经济》2008年第24期。

② 该指标既包含单个工作的特点，也包含更广泛的工作环境的特点，从内在工作质量、技能、终身学习和职业发展、性别平等、健康和工作安全、灵活性和安全性、劳动力市场进入和包容性、工作组织和工作—生活平衡、社会对话和员工参与、多样性和非歧视、整体经济表现和生产率等10个维度共计31项测量指标。

③ 包括职业和就业保障、健康和福利、技能开发、协调工作和非工作生活等4个维度共计13个项目。

④ 资料来源：UNECE，Measuring Quality of Employment：Country Pilot Reports，http：//www.unece.org/publica-tions/oes/STATS_ MeasuringQualityEmployment.E.pdf，2011-07-30。

⑤ 资料来源：Benjamin Tal，*On The Quality of Employment in Canada*，CIBC World Market，Special Report，2006-03-08。

当于一个全职就业。一般情况下，在商业和服务业中非全职就业是主体。[①] 于是，立足上述三个分项指数，就可以最终构造出就业质量指数。

二、中国就业质量评估及其影响因素：一个国际比较框架

（一）研究设计与指标说明

为准确把握现阶段中国人力资源市场就业质量状况，以“就业质量指数”（EQI）作为评价指标，以经济合作与发展组织（简称“经合组织”，OECD）中23个主要成员国家[②]近12年（2000—2011年）的就业质量指数作为比较样本，建立就业质量指数的国际比较研究框架。具体的操作如下：第一步，计算23个经合组织国家12年的就业质量指数，以及中国近期的就业质量指数。第二步，以“人均国内生产总值”（人均GDP）作为一国经济社会发展状况的综合衡量指标，与就业质量指数建立二维结构评估体系，更深入探索发展阶段与就业质量状况之间可能存在的关系。第三步，拟合经合组织国家的样本数据，描绘拟合值趋势线，标注中国的点值位。第四步，进行比较分析。本部分使用的数据来源是，经合组织各成员国家的全部数据来源于经合组织的数据网络系统（http：//www. oecd. org/statistics/），中国的全部数据来源于《中国统计年鉴（2011）》、《中国劳动统计年鉴（2010、2011）》、《2011年度人力资源和社会保障事业发展统计公报》和《我国农民工调查监测报告（2000—2011）》。

就业质量指数（EQI）的计算公式如下：

EQI=0. 15 * 全职等量就业比重+0. 15 * 就业稳定性指数+0. 7 * 相对就业补偿指数

其中，“全职等量就业比重”以全职就业人数占比（incidence of full-time employment）表示；“就业稳定性指数”以长期（等于及超过6个月）就业人数与短期（不足6个月）就业人数（包括自雇者）的比率表示；“相对就业补偿指数”以最低工资额与全职劳动者工资中位数的比率表示[③]。

需要说明的是，对于经合组织国家，计算就业质量指数所需的全部基础数据都可以从经合组织的数据库系统获取。然而，对于中国，一方面，由于就业数据难以准确匹配EQI的指标口径，另一方面，“十二五”时期以来，就业形势出现了一些新特点，比如城乡劳动力市场融合、劳动力成本上升、劳动力市场流动性增强等，故而本研究对中国的数据进行了一定的调整：一是将城乡就业总体情况作为测算基础，以“城乡单位就业占总就业人数

---

① 国福丽：《国外劳动领域的质量探讨：就业质量的相关范畴》，《北京行政学院学报》2009年第1期。

② 鉴于数据的全面性和完整性，本项研究涉及的23个经合组织成员国家分别是：澳大利亚、比利时、加拿大、捷克、爱沙尼亚、法国、希腊、匈牙利、爱尔兰、日本、韩国、卢森堡、墨西哥、荷兰、新西兰、波兰、葡萄牙、斯洛伐克、斯洛文尼亚、西班牙、土耳其、英国、美国。

③ 实际上，“相对就业补偿指数”是一个中观概念，需要以某一个或某些行业作为衡量对象。但是，由于本研究更侧重于从宏观层面上把握区域间和行业间的薪金差别及其影响，为此，采纳本杰明（Benjamin Tal）2011年的研究建议，以“最低工资的补偿效应”作为相对就业补偿指数的替代指数，此处的“全职劳动者工资中位数”取值为工资的平均数。

比例”作为“全职等量就业比重”的替代性指标，其中，乡村单位就业以可统计就业形式的数据为口径。二是中国劳动力市场中最大的流动群体当属农业户口劳动力，[①] 以“总就业人数中非外出就业农民工与外出就业农民工的比率”作为“就业稳定性指数”的替代性指标，其中，外出就业指调查年度内在本乡镇地域以外从业的农村劳动力。三是中国 31 个省、自治区和直辖市（不含港澳台）的月最低工资标准和月平均工资水平存在显著差异，2008 年以后各地区又陆续提高了当地最低工资标准，以实现普涨且可获取的 2010 年的数据为基准，计算各地区该年度月最低工资与月平均工资比值的几何平均数，并将之作为“相对就业补偿指数”的替代性指标。

（二）数据描述与主要发现

第一，将 2000—2011 年中国劳动力市场的全职等量就业比重与就业稳定性指数的变动趋势进行描述（见图 1），分城镇劳动力市场与城乡劳动力市场两种情况看，对于前者，全职等量就业比重呈下降趋势，从 2000 年的 0. 50 降至 2010 年的 0. 38，就业稳定性指数变化基本平稳，2005 年以来在 1. 25—1. 29 区间波动；对于后者，全职等量就业比重呈现上升趋势，从 2002 年的 0. 38 逐步升至 2010 年的 0. 46，就业稳定性指数则呈现下降趋势，从 2000 年的 8. 18 降至 2011 年的 3. 82。

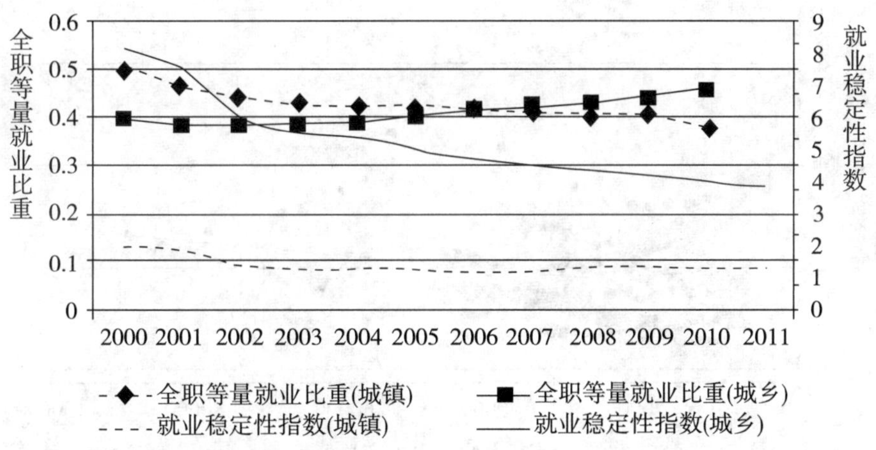

图 1　中国全职等量就业比重与就业稳定性指数的变动情况（2000—2011 年）

第二，将经合组织 23 个主要成员国家 2000—2011 年的就业质量指数和人均国内生产总值的数据统计信息进行描述（见表 1）。

① 根据《中国流动人口发展报告（2011）》的数据显示，2010 年我国流动人口的一个重要的人口学特征是，流动人口中有 86. 7%为农业户口，属于乡—城流动；仅 13. 3%为非农业户口，属于城—城流动。

表1　主要变量的描述性统计分析

变量	名称	均值	观测值	最大值	最小值	方差	变异系数	中位数
EQI	就业质量指数	1.793	263	7.232	0.529	1.319	0.640	1.444
GDPA	人均国内生产总值（美元）	28155.21	270	89801.19	8611.903	1.82e+08	0.480	26937.54

第三，绘制全部观测值的散点图及拟合值趋势线（fitted values），同时定位中国2010年人均国内生产总值与就业质量指数的点值（7518.716，0.846）（见图2），以就业质量指数为被解释变量，以人均国内生产总值（GDPA）为解释变量，以三角形表示中国的点位，得到如下主要发现：一是就业质量指数与人均国内生产总值之间呈现微弱的正相关关系（两者的相关系数为0.168），表明就业质量状况有部分取决于经济社会的发展程度，但是发达的经济社会条件并不必然代表劳动者有很高的就业质量。二是中国的点位（eqi_china）处于拟合值趋势线以下，表明在当前人均国内生产总值的水平上，中国的就业质量明显偏低。

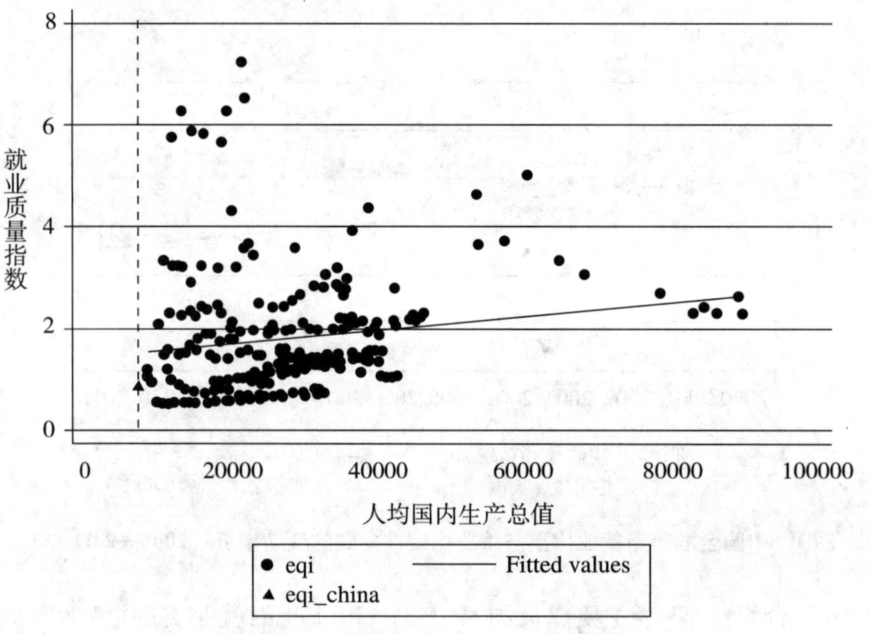

图2　经合组织成员国家就业质量指数与人均国内生产总值的散点图

（三）就业质量偏低的主要表现及其影响因素

从上述的相关数据可见，中国人力资源市场就业质量存在偏低的现象，主要表现为以下几个方面：

1. 就业歧视、强迫劳动等依然存在

由于劳动力供给丰富，我国人力资源市场是一个买方市场。尽管2008年以来就业保护立法和执法趋向严格，但劳动法律体系仍不健全，对求职阶段劳动者与用人单位之间的关系较少涉及，造成现实生活中各种就业歧视现象出现。

第一，女性就业歧视。女性越来越成为一个弱势群体，就业中受到的不公平对待表现在就业机会不平等和职业待遇不平等两方面。与男性相比较，女性的职业生涯更短，工作的连续性较差；此外，再加上人为的歧视原因，女性获取高层职位的机会大大少于男性。有数据显示，城镇单位中的女性就业者所占比例长期在38%上下小范围浮动，始终低于男性约25个百分点，而在三次产业就业比例上女性也均低于男性。①

第二，大学生就业歧视。《当前大学生就业歧视调查报告》显示，在大学毕业生的就业中存在性别、政治面貌、身高长相、年龄等多方面歧视。其中，有68.98%的用人单位对大学生求职者的性别有明确要求，有59.14%的用人单位对大学生求职者的户籍地域有明确要求，45.96%的用人单位对大学生求职者的身高长相有明确要求，43.28%的用人单位对大学生求职者的年龄有明确要求，31.07%的用人单位对大学生求职者有体检方面的要求，20.45%的用人单位明确要求大学生求职者是非传染病病源携带者。②

第三，农民工就业歧视。农民工的农业户口阻碍其与城市户口劳动者享有相同的薪金待遇。部分行业、部分地区存在侵害农民工权益的“顽症”。国务院关于农民工权益保障情况调研报告指出，农民工权益受侵害的一些突出问题仍未得到根本解决，主要表现在农民工工资拖欠、劳动合同签订率低和劳动条件差等方面。此外，即使与城市户口劳动者在同一企业、同一岗位就业，农民工不仅不能获得同等的收入报酬，还难以享受相应的福利待遇和社会保险。不少农民工还面临恶劣的工作条件和环境，甚至出现“奴工”、“黑工”。个别农村男性被黑中介拐卖成为“包身工”，如2007年媒体曝光的“山西黑砖窑事件”。

在经济全球化的背景下，中国的强迫劳动现象正在抬头。如人口拐卖案件中以强迫劳动、劳动剥削为目的的各类案件正呈攀升势头，拐卖儿童来强迫行乞、偷窃，拐卖妇女来强迫卖淫等成为普遍形式。同时，来自人力资源和社会保障部的数据表明，60%的省际间和省内劳动力的流动是通过非正规渠道进行，这也给人口拐卖这一犯罪行为造成了可乘之机，尤其是拐卖盲目进城打工的农村女青年问题更为突出。③ 此外，农民工群体被强迫劳动的事件也时有发生，特别是恶性拖欠农民工工资的案件屡见不鲜。

2. 收入差距扩大，分配格局显失均衡

概括收入分配格局的非均衡集中表现在，城乡之间、地区之间、行业之间和居民之间

---

① 代利凤、张丽：《浅析体面劳动视域下的女性就业弱势》，《经济研究导刊》2010年第2期。

② 资料来源：《当前大学生就业歧视调查报告》，人大与议会网，http://www.e-epcs.org/newsinfo.asp? Newsid=19899，2012年7月23日。

③ 资料来源：《人口拐卖呈新特点，中国政府准备反拐国家行动》，腾讯网，http://news.qq.com/a/20120905/00284.htm，2012年9月5日。

的收入差距不断扩大，贫富差距越来越明显。近些年来，城乡居民收入差距呈扩大的趋势，1990 年城乡居民收入之比为 1∶2.2，1995 年为 1∶2.71，2000 年为 1∶2.79。2010 年中国社会科学院城市发展与环境研究所发布的《中国城市发展报告 No.4》显示，目前我国城乡收入差距比为 3.23∶1，成为世界上城乡收入差距最大的国家之一。

其他较突出的不平衡还包括，区域间居民收入差距较明显，垄断部门和竞争部门之间的工资差距在扩大，因财产分布的不平等而引起的收入差距正在突显。我国职工工资总额占 GDP 的比重在 1980 年、1990 年和 2000 年分别为 17%、16%和 12%，从 2000 年到 2003 年为 12%—12.5%之间，2005 年为 11%。而近年来欧美国家职工工资总额占 GDP 的比重一直稳定在 50%左右。不同行业职工工资收入差距进一步拉大，2000 年最高行业人均工资水平是最低行业的 2.63 倍，到 2005 年扩大到 4.88 倍，且绝对差距也从 8436 元扩大到 32249 元。2011 年在岗职工平均工资 42452 元，类别差异明显，平均工资最高的行业是金融业，为 91364 元，私营单位就业人员年平均工资为 24556 元，平均工资最低的行业是农林牧渔业，只有 20393 元。目前，劳动力的总体收入差距明显扩大，现在中国的基尼系数已经比较高，而且收入差距还有再持续扩大的趋势。分配格局的非均衡化态势，表明居民并不能充分享受到经济和社会发展进步所带来的好处。

3. 劳动标准执行不到位，工作缺乏保障

第一，企业劳动合同签订还不理想。据全国工商联的调查显示，2010 年，全国企业员工劳动合同签订率仅为 68.8%，而个体私营企业（以中小企业为主）更低（47.3%）；即使签订了劳动合同，也只有 69.8%的企业实现了全员签订劳动合同，而且还存在合同不规范、执行情况差等问题。① 另据调查表明，有近 60%的农民工没有签订劳动合同。其中，建筑业农民工没有签订劳动合同的比例最高，占 73.6%，从事制造业的占 49.6%，从事服务业的占 61.4%，从事住宿餐饮业和批发零售业的分别占 64.6%和 60.9%。②

第二，超时工作、持续加班在各地普遍存在。按照我国劳动法关于劳动时间的相关规定，劳动者每日工作时间不超过 8 小时，周平均工作时间不超过 44 小时，但是在建筑、矿山开采、服装加工等农民工就业比较集中的行业，农民工每日的工作时间普遍都超过 10 小时。据 2012 年江苏省统计局发布的相关调查结果表明，在该省从业的农民工周平均工作时间是 57.9 小时，80%以上的农民工正在超时工作。③ 除了拖欠加班费引起的农民工抗议以外，超时加班本身就带来了农民工的不满。

第三，一些地方的最低工资标准执行不到位。主要表现在部分企业不执行当地最低工

① 数据来源：《全国工商联发布民营企业劳动关系状况调研报告》，网易财经，http://money.163.com/12/0131/19/43IFMSLL002524SD.html，2012 年 1 月 31 日。

② 数据来源：《2011 年农民工调查监测报告》，国家统计局网站，http://www.stats.gov.cn/tjfx/fxbg/t20120427_ 402801903.htm，2012 年 4 月 27 日。

③ 资料来源：《期待城市关爱，江苏农民工生存状况调查结果解读》，中财网，http://www.cfi.net.cn/p20091220000192.html，2012 年 12 月 20 日。

资标准，有企业将最低工资标准作为本单位工资支付的标准；有企业即使规定了略高于本地最低工资标准的薪金报酬水平，但是往往还会采取延长劳动时间、提高劳动定额标准等办法，变相压低劳动者的工资水平，隐性违反最低工资规定。此外，最低工资标准的宏观调控作用也不够，各地测算、制定最低工资标准缺乏科学合理性，尚未形成同本地经济社会发展状况挂钩的最低工资调整机制。① 各地方政府宣传最低工资制度的力度不够，立法层次也偏低。

第四，社会保障制度改革与就业形势不适应的问题突出。农民工、私营企业、三资企业等非公企业雇员“游离”于社会保险体系之外。由于社会保险不能转移接续，农民工参保比例不高。除工伤保险以外，私营企业的社保缴费比例普遍不及国有企业的50%。据重庆市工商联的调查，民营企业员工五项保险缴费负担大约是工资的50%，企业支付4/5，员工支付近1/5，中小企业普遍感觉社保缴费负担重，很多农民工也不愿意缴费。② 近年来，我国失业矛盾愈加凸显，但失业保险金覆盖范围却逐年大幅下降，从2002年时的最大值57.14%，持续降至2011年时的21.37%③，不知道失业保险金的领取条件和方法，及保险金额较低、手续繁杂④让大量的已经参加失业保险并且登记了失业的劳动者，没能享受到失业保险待遇。

4. 劳动者就业能力低，就业稳定性差

人力资本不高使劳动者在人力资源市场处于不利的竞争地位。从劳动者总体素质看，2009年，6岁及以上人口平均受教育年限达到8.89年，低于世界平均水平12年；人口文盲率降低到4.08%，大大高于发达国家1.76%以下的水平。专业技术劳动者仅占总人口的2.3%，远低于发达国家20%的水平，且存在知识老化、创新意识差等问题。尤其是老年劳动者因受教育水平低、就业能力差，容易受到冲击。2009年，我国20岁劳动者的受教育年限为9年，而60岁劳动者的受教育年限降至6年，相比之下，美国20岁劳动者的受教育年限是12.6年，60岁劳动者的受教育年限反而升至13.7年。可见，中美劳动者受教育年限的差距随年龄增大而越加明显，我国20岁劳动者的受教育年限比美国低29%，60岁劳动者的受教育年限比美国低56%。⑤

同时，就业市场化带来就业形式的灵活和多样，非正规就业比重急剧上升，劳务派遣

---

① 刘险峰：《市场分割条件下的最低工资制度效应研究——以农民工市场为例》，《经济体制改革》2009年第5期。

② 丁开杰：《中国的体面劳动赤字及其政策建议——基于包容性视角的分析》，《天津行政学院学报》2012年第4期。

③ 根据《2011年度人力资源和社会保障事业发展统计公报》（中央政府门户网站，http://www.gov.cn/gzdt/2012-06/05/content_2153635.htm，2012年6月5日）提供的数据计算得到。

④ 数据来源：《失业保险金究竟应该如何领，七成白领“蒙查查”》，搜狐网，http://business.sohu.com/20110105/n261572603.shtml，2011年1月5日。

⑤ 资料来源：《社科院专家：目前延缓退休不可行》，新华网，http://news.xinhuanet.com/local/2012-07/04/c_112351002.htm，2012年7月4日。

大量涌现，带来就业不稳定、待遇欠公平、权益少维护等问题。据中国社科院的调查显示，2011年被调查者中非正规就业数量占全部非农就业人数达60.4%，其中，在非正规单位就业的比重是67.1%，该群体还处于政府部门的服务和监管范围之外。劳务派遣泛滥，但派遣工的收入、福利和发展机会却普遍比正式职工差。据上海市总工会2011年的调查[①]称，劳务派遣用工几乎遍布各行各业，岗位门类齐全，涉及各层次、各年龄群体，而真正符合劳动合同法规定的临时性、辅助性或者替代性的“三性”要求的比例很小，[②] 这些劳动者正遭遇同工不同酬、同岗不同制的对待。

5. 劳动者的职业健康与安全问题突出

当前，我国还缺少体面劳动的指导意见，凭借低工资的人工成本、低代价的设施环境成本，而获得高额利润的生产性劳动普遍存在。

首先，生产安全形势严峻。2011年全国发生各类事故34.8万起，死亡7.6万人，事故总量仍然较大，且反映安全发展水平的主要指标，如亿元GDP生产安全事故死亡率、工矿商贸就业人员十万人生产安全事故死亡率、煤矿百万吨死亡率等均高于世界平均水平。[③] 其中2/3的伤亡事故和3/4的重特大伤亡事故及严重职业伤害发生在非公企业。

其次，职业病患者总量大，职业病发病率高，职业病损失大。农民工大多在工作环境恶劣的行业就业，已经成为受工伤和职业病威胁的高危人群。据卫生部通报的2009年全国职业病报告情况显示，职业病病例数列前3位的行业依次为煤炭、有色金属和冶金，分别占到总病例数的41.4%、9.3%和7.0%。[④] 农民工职业病具有发病工龄短、患病率高的特点，以尘肺病为主，但该群体流动性大、自我防护意识薄弱，致使很多人在调整务工单位或返乡之后才出现明显症状，为职业病工伤认定、补偿和早期治疗增加了难度，更令患病农民工及其家庭饱受病痛折磨。

三、改善就业质量的措施建议

党的十八大报告提出“推动实现更高质量的就业”。就业质量是一个主客观结合、宏微观皆有的概念范畴，故而要改善就业质量，也需要政府、社会、企业、劳动者达成共识，相互配合。立足我国转变发展战略需要，参考同时期、同阶段其他国家经验，要实现更高质量就业，近期应以劳动者平等就业为重点，中长期应以建立多方合作与对话机制为重点，强调政府综合治理、社会充分参与、企业自觉履责、劳动者积极推动，使就业质量提升既

---

① 资料来源：《劳务派遣在中国被滥用》，网易新闻，http：//view.163.com/special/reviews/laowu-paiqian0625.html。

② 调查显示，58%的劳务派遣工认为自己的岗位是固定的，17%认为自己的岗位是长期的，认为自己岗位是临时性、辅助性和替代性的分别只有18.5%、13.6%和4.1%。

③ 资料来源：《2011年7.5万余人因事故死亡》，华龙网，http：//news.cqnews.net/html/2012-01/14/content_ 12020356.htm，2012年1月14日。

④ 丁开杰：《中国的体面劳动赤字及其政策建议——基于包容性视角的分析》，《天津行政学院学报》2012年第4期。

为劳动者分享经济社会发展成果奠定基础，也成为推动经济发展、促进社会和谐稳定的助推器。

（一）完善法律法规体系，健全统一规范的人力资源市场

积极贯彻落实就业促进法，进一步完善劳动合同法、社会保险法、劳动争议调解仲裁法等法规，制定集体合同法、工资条例等配套法规，提高法律法规的针对性、操作性，加强执行力度。与推行集体合同的工作实践相比，其立法进程相对滞后，现行法律法规中的薄弱之处也暴露出来，故而有必要单独制定全国统一的集体合同法。同时，加快出台工资条例，建立健全劳动者工资正常增长机制，特别是一线劳动者的工资正常增长机制。完善农民工工资支付担保制度，将工资支付担保制度覆盖到所有企业。人力资源和社会保障部应会同全国总工会、中国企业联合会、全国工商联等单位制定出台劳动争议调解规则，规范、落实劳动争议调解组织的工作职责和内容；最高人民法院应出台劳动争议调解仲裁法配套司法解释，使各级人民法院在审理相关案件时有法可依。对于一些地方政府、法院、劳动争议仲裁委员会出台的指导意见和规定，其内容同劳动合同法、劳动争议调解仲裁法相违背的，最高人民法院、人力资源和社会保障部应督促和抓紧清理规范。

完善统一的就业政策，健全统一规范的人力资源市场。清理、取缔各种针对劳动者性别、年龄、户籍、受教育程度等的歧视性规定和不合理限制。目前，我国农村人力资源总体上过多的状况没有改变，应继续改革户籍制度，使公民享有真正的迁徙自由权，建立有利于农村人口转移的就业服务体制，逐步实现城乡就业统一管理，发挥公共就业服务在促进就业和调控市场方面的支撑和引领作用。应该把农村劳动力就业纳入总体的社会就业管理体系，健全城乡统一的就业备案制度和失业登记制度，完善公共就业服务制度和失业预警机制；建立城乡劳动者平等的促进就业制度，城乡劳动者享有统一的自主创业优惠政策，享受同等的免费的职业技能培训、就业创业培训、岗位推介等服务；返乡创业劳动者投资新办的企业，根据国家税收政策，可享受新办企业 3 年内免征企业所得税的优惠政策。

（二）完善工资分配制度，形成劳资利益共享、共同发展的机制

完善最低工资和集体协商等制度，建立劳动者报酬正常增长机制。已经建立工会的企业全面实施工资协商制度，建立工资共决和正常增长两项机制。推行灵活多样的协商方式，确定符合企业特点的协商内容。对企业通过工资集体协商方式，依据工资指导线和同行业平均工资水平确定的工资薪金支出，准予税前扣除。引导企业根据生产经营情况合理提高员工工资水平，完善工资指导线、人力资源市场工资指导价位和行业人工成本信息指导制度，实现农民工与企业其他职工同工同酬。发挥工会、工商联等组织作用，建立工资集体协商指导队伍，定期举办专项培训和经验交流，将政策推动、典型带动和宣传鼓动结合起来。

建立“化税为薪”、激励提高劳动者报酬的机制。对有条件自主提高劳动工资水平的企业给予税收优惠、一次性补贴等手段进行鼓励。对受教育水平和生产率较低的工人（如农民工等）采取与工资直接相关的补贴政策。通过财政、银行信贷等政策手段积极引导和鼓励微型企业创业。鉴于目前中小企业社会保险缴费负担较重的情况，参照国际金融危机时

期“五缓四减三补”的经验，对确实困难、促进就业较为明显的中小企业予以社保补贴或岗位补贴。

对中小企业给予财税、金融等方面支持。借鉴日本、德国等国经验，采用研发补贴、人员培训、技术指导、新技术推广等措施推动中小企业技术升级，依托中小企业服务体系提供技术研发和员工培训等咨询服务，加快产业升级步伐。

（三）加强劳动保障监察力度，规范企业用工行为

加强法律制度的宣传普及，推动用工行为监督。开展清理整顿人力资源市场秩序活动和农民工工资支付专项执法行动，及时排查重大违法违规案件。对一些地区、个别企业单位出现的违规用工、非法使用童工、不签订书面劳动合同、拖欠劳动者工资等行为，依法严厉打击，切实维护全体劳动者的合法劳动权益。开展“诚信用工、诚实劳动”活动，推进用工单位诚信用工、守法用工，劳动者诚实劳动、知法劳动。建立健全劳动保障监察行政执法同刑事司法衔接制度，完善劳动保障重大违法行为社会公布制度。加快实现劳动保障监察“两网化”管理，提升监察执法效能。

尽快充实劳动监察队伍，扩大监察范围，提高专业水平，创新监察手段方式，加大监督查处力度。加快基层调解组织和仲裁院建设，针对就业歧视行为、欠薪、工伤、劳动合同解除、职业病等易爆发群体纠纷、集体上访的案件，建立劳动争议仲裁快速处置机制。完善法律法规对监察执法和仲裁结果执行的强制性规定，提高监察和仲裁的严肃性。

（四）加大财政支持力度，提高公共就业服务能力

大多数经合组织国家政府都将扶助和扩大就业作为公共财政支出的一项重要功能。从积极的劳动力市场政策支出占政府全部公共开支的比重看，2007 年经合组织国家该项指标值的平均水平为 1.11%，丹麦、瑞典、比利时、荷兰等国超过 2%，葡萄牙、芬兰、瑞士、法国、德国和奥地利等国超过 1%。然而，我国 2010 年就业补助①资金占财政支出的比重仅为 0.70%。② 再从积极的劳动力市场政策支出占 GDP 的比重看，2009 年经合组织国家该项指标值的平均水平为 0.62%，③ 而 2010 年时我国的该项指标值仅达到 0.16%，④ 公共财政

① 由于我国尚未将积极的劳动力市场政策支出作为单独的财政支出项目列出，故选择替代指标——“就业补助”加以替代。就业补助项目主要包括扶持公共就业服务、职业培训补贴、职业介绍补贴、社会保险补贴、公益性岗位补贴、小额担保贷款贴息、补充小额贷款担保基金、职业技能鉴定补贴、特定就业政策支出、其他就业补助支出等。该指标与 OECD 国家积极的劳动力市场政策的功能内容和支出项目都比较贴近。

② 根据《2010 年全国公共财政支出决算表》（http://www.mof.gov.cn/2010juesuan/20110720/t20110720_578444.html）计算得到。

③ 针对 OECD 国家的数据来源：OECD Social Expenditure-Aggregated Data（http://stats.oecd.org/index.aspx），笔者进行了整理和计算。

④ 根据《2010 年全国公共财政支出决算表》（http://www.mof.gov.cn/2010juesuan/20110720/t20110720_578444.html）计算得到。

在就业上的投入亟须增加。

此外，公共就业服务是政府为促进社会充分就业，以帮扶就业困难群体为重点，面向全体劳动者提供的公益性就业服务。应尽快制定和完善促进公共就业服务的配套政策法规，保障全体劳动者不分户籍、不分性别、不分地区地平等享受公共服务的权益。提高职业技能培训的针对性和效果，面向大学毕业生、农村转移就业人口、复转军人等就业群体增加适合群体特点的培训项目，创新培训方式，注重效果评估。加快人力资源市场管理及就业服务立法，规范各类就业服务机构的行为。继续完善基层就业、职业介绍信息网络建设，依托社区和街道，完善基层就业服务平台。

（五）促进社会参与，建立就业质量改善的多方协作机制

加强劳动关系三方协调机制建设，进一步扩大三方机制范围和实效。在完善省、市、县（区）三方协调机制的基础上，进一步推动三方机制向乡镇、街道和社区延伸，建立基层协调劳动关系的对话平台。

完善各类社会组织，充分发挥基层工会等的代表性。按照加强和创新社会管理的总体要求，引导工会、行业协会、商会等各类社会组织加强自身建设、增强服务社会能力，形成构建和谐劳动关系的社会合力。重视发挥工会的组织资源优势，确立其在反就业歧视中的职责，赋予工会对被歧视者进行援助并主动监督、纠正用人单位的用人歧视行为的权利。在现有工会的基础上大力吸收农民工、女性职工、老年职工等加入工会，将就业弱势群体纳入工会力量的保护之内。加强基层工会尤其是非公有制企业工会建设，创新工会工作方式。

加强企业社会责任建设，促进企业积极履责。着力改善劳动条件和生活环境，自觉遵守劳动法律法规，规范劳动管理行为，加强人文关怀和文化建设。建立和谐劳动关系的激励机制，形成企业劳动关系诚信公示制度，可设立和谐劳动关系奖励基金，对积极履行社会责任的企业予以表彰奖励，在政府采购、工程承包中把履行社会责任情况作为一项重要考核指标，鼓励金融机构、监管机构等采取相关措施，推动企业履行社会责任。

参考文献

[1] R. Johri, *Work Values and the Quality of Employment: A Literature Review*, Working Paper, http://www. dol. govt. nz/pdfs/lit-review-work-values, pdf, 2011-07-30.

[2] L. Davoine, et al. *Measuring the Quality of Employment in the EU*, http://ec. europa, eu/social/Blob-Servlet? docld=681&langld=en, 2011-07-20.

[3] B. Tal, *Canadian Employment Quality Index*, http://research. cibcwm, com/economic public/download/eqicda20091102. pdf, 2011-07-30.

[4] Ramón Peña-Casas, *More and Better Jobs: Conceptual Framework and Monitoring Indicators of Quality of Work and Employment in the EU Policy Arena*, Working Papers on the Reconciliation of Work and Welfare in Europe, REC-WP 06/2009.

[5] 秦建国：《大学生就业质量评价体系探析》，《改革与战略》2007 年第 1 期。

［6］李军峰：《城镇贫困人口的特征分析——以郑州市的问卷调查为例》，《市场与人口分析》2006年第6期。
［7］刘素华：《就业质量：概念、内容及其对就业数量的影响》，《人口与计划生育》2005年第7期。
［8］王阳：《转型时期中国劳动力市场灵活安全性研究》，首都经济贸易大学出版社2011年版。
［9］王阳：《我国普遍型社会福利体系的公共财政支持研究》，《经济研究参考》2011年第65期。
［10］傅麟：《社会对话：协调劳动关系的重要机制》，《中国党政干部论坛》2003年第7期。
［11］王阳：《经济转型期推进集体劳动关系协调机制建设的思考》，《中国经贸导刊》2012年第24期。
［12］尹蔚民：《深入贯彻落实党的十八大精神，努力开创人力资源和社会保障事业科学发展新局面》，《第一资源》（总第23辑），党建读物出版社2013年版。

A Study on the Quality Advice for Employment Quality in China —An International Comparative Frame Based on Employment Equality Index

Wang Yang

Abstract: Employment quality (EQ) is a subjective – objective and macro – micro concept. Based on an international comparative frame of Employment Quality Index (EQI), this paper points out that China has low EQ concerning the current level of economic development. There are many low EQ problems in human resource market, such as discrimination in employment, forced labor, unfair income distribution, poor implementation of labor standards, low employee ability, and weak occupational safety. For a long term, China should construct a multiple governance mechanism for EQ improvement, involving government, society, enterprise, and labor. Considering transition of development strategy, improvement of Chinese EQ emphasizes equality of employment in short term, and fair multi-consultation mechanism for long term, so as to gain the inclusive growth.

Key words: employment equality, human resource market, employment equality index

（编辑：刘　洋）

就业质量内涵及测量：基于国际对比的研究

田永坡　满子会*

［摘要］ 近年来提出的“就业质量”这一概念不断被丰富完善。本文借助已有的研究文献，对就业质量的相关概念进行界定并讨论，从国际对比的角度分析就业质量评价指标体系及相关学者对美国、加拿大、欧盟等国家和地区的测量结果。在总结各国就业质量特点的基础上，针对我国实际情况，提出未来就业质量测度的发展方向。

［关键词］ 就业质量　评价体系　国际比较

一、就业质量的概念

就业质量是对劳动者在就业过程中就业状况优劣程度、各方面满意程度进行的一个多维度衡量，自20世纪90年代以来，一些学者和组织陆续提出了与就业质量相关的概念。

1999年，国际劳工组织（International Labour Organization，ILO）在第87届国际劳工会议上第一次提出了“体面劳动（decent work）”的概念，给出了就业质量的一个初始性定义，认为体面工作是“促进男女在自由、公平、安全和具备人格尊严的条件下获得体面的、生产性的、可持续工作机会”。①这一概念涵盖了就业数量和就业质量两方面的内容，但从狭义上来说，主要反映的是就业质量的状况，因此被作为就业质量的定义广泛引用。欧盟将工作质量（quality of work）的提升作为社会政策议程的“指导原则”，提出工作质量是一个包含工作特点和广泛劳动市场在内的多维度概念，所谓工作质量即良好的工作，不仅意味着关注和考虑有薪就业的存在，而且关注有薪就业的特点。②

鲁帕里·约荷瑞（Roopali Johri）认为就业质量是工作组织应满足个人需求的程度。较高的就业质量，意味着就业者在工作过程中个人才能得到充分发挥，自身价值得到充分体

* 作者田永坡系中国人事科学研究院人力资源市场研究室副主任，副研究员；满子会系中国政法大学硕士研究生。

① ILO, “Decent work, Report of the Direct General”, International Labor Conference, 87th Session, Geneva, 1999, http://www.ilo.org/public/english/standards/relm/ilc/ilc87/rep-i.htm.

② 国福丽：《国外就业质量评价指标研究概述》，《中国劳动》2009年第10期。

现，他们的需求和自身情况能够得到重视和考虑。① 按照就业质量水平的高低，就业质量可以分为高质量就业和低质量就业，② 弗瑞德瑞克·施罗德（Fredric K. Schroeder）提出了高质量就业的概念，他认为工资不是衡量就业质量的唯一指标，所谓高质量就业（high-quality employment）意味着更高的潜在收益，如医疗保险和退休计划等，意味着职业发展的机会。最重要的则是工作者在某个工作岗位上，既能获得生活所需的劳动报酬，也能通过挑战性的工作使自身能力得到满足。简而言之，即工作同个人兴趣和能力保持一致。③

二、国外就业质量评价体系

国际组织和机构以及国外学者积极探索并构建了一系列就业质量评价指标体系，用于对就业质量水平进行评价。

（一）国际组织和机构对就业质量评价指标体系的构建

在国际组织和机构构建的指标体系中，比较有影响的包括国际劳工组织提出的“体面劳动（decent work）”指标体系、欧盟委员会（The European Commission）提出的“工作质量（quality of work）”指标体系、欧洲基金会（European Science Foundation）提出的“工作和就业质量（quality of job and employment）”指标体系。这些指标体系都适用于特定的用途或政策议程，并没有形成一个广泛的、整体的就业质量统计测量框架。基于此，联合国欧洲经济委员会（UNECE）整合现存指标，将之前专家小组所做的工作考虑在内，编制了统计测量“就业质量（quality of employment）”的指标体系。

国际劳工组织提出的关于衡量“体面劳动”的指标体系，在西方理论界得到广泛认同的是6个维度、11个属性、40个指标。6个维度分别是：工作机会、在自由的条件下工作、生产性的工作、工作平等、工作安全和工作尊严。④ 根据上述6个维度，又可将其发展为11个测量属性（就业质量的相关范畴），⑤ 主要有：（1）就业机会；（2）不可接受的工作；（3）足够的收入和生产性的工作；（4）合理的工作时间；（5）工作的稳定性；（6）就业中的公平待遇；（7）劳动安全；（8）社会保障；（9）工作与家庭生活；（10）社会对话与劳动关系；（11）体面劳动的经济和社会因素。⑥ 上述11个属性用若干指标来评价，进而产生体面劳动的40个衡量指标。

欧盟委员会提出的“工作质量”指标体系的衡量主要包括10个基本维度：（1）工作

---

① Roopali Johri, “Work Values and the Quality of Employment: A Literature Review”, *Department of Labor*, 2005.

② 国福丽：《国外就业质量评价指标研究概述》，《中国劳动》2009年第10期。

③ Fredric K. Schroeder, “Workplace Issues and Placement: What is High Quality Employment?”, *Work*, 2007, Vol. 29 (4).

④ 国福丽：《国外就业质量评价指标研究概述》，《中国劳动》2009年第10期。

⑤ 国福丽：《国外就业质量评价指标研究概述》，《中国劳动》2009年第10期。

⑥ Richard Anker, Lgor Chernyshev, Philippe, Farhad Mehran, Joseph A. Ritter, “Measuring Decent Work with Statistical Indicators”, *International Labor Review*, Vol. 142, No2.

内在质量；（2）技能、终身学习和职业发展；（3）性别平等；（4）健康与工作安全；（5）灵活性与安全性；（6）包容性与劳动力市场进入；（7）工作与生活的平衡；（8）社会对话和员工参与；（9）多样性与非歧视性；（10）总体工作表现。

欧洲基金会提出的“工作和就业质量”评价指标体系，正广泛地被用来衡量欧盟和加拿大的就业质量，为比较不同地区间的就业质量奠定了很好的基础，并且对于评价和促进相关就业政策和法律法规很有帮助。① 该评价体系主要包含四大类指标：职业和就业安全（就业状况、收入、社会保护、工人权利）、健康与福利（健康问题、风险承担、工会组织）、技能培养（任职资格、培训、学习组织、事业发展）、工作和日常生活的协调性（工作和休息的时间、社会公共设施情况）。②

联合国欧洲经济委员会（UNECE）提出的“就业质量”指标体系报告于2010年2月编制完成，该报告发布了包括加拿大、芬兰、法国、德国、以色列、意大利、墨西哥、摩尔多瓦和乌克兰9个国家就业质量的国别报告。这一指标体系从7个维度对就业质量进行了衡量：就业的安全保护和道德规范（工作安全、童工和强迫劳动、就业中的公平待遇）、就业中得到的收入和福利（收入、非工资性的金钱福利）、工作时间和工作与日常生活的平衡（工作时间、工作时间安排、平衡工作与日常生活）、就业的安全性和社会保障（就业的安全性、社会保障）、社会对话、技能发展与培训、职场人际关系和工作积极性（职场的人际关系、工作动机）。③

（二）国外学者对就业质量评价指标体系的构建

国外一些学者在研究就业质量时给出了各自的就业质量评价指标体系，鲁帕里·约荷瑞对新西兰的就业质量从薪酬、工作满意程度（对工作内容、提升机会、收入水平及社会保障的感受）、雇佣关系（信赖度、应承担的义务、员工对工作决策的影响、沟通）三个方面进行衡量，并且认为工作满意度已经取代工资成为衡量就业质量的主要指标。类似的，米雷优（Mireille Razafindrakoto）和弗朗索瓦·隆巴德（Francois Roubaud）认为工作满意度是一个很好的衡量就业质量的指标，并对工作满意度从基于劳动力状态的工作满意水平（包括就业工人、失业者、长期失业人口和怠惰工人的工作满意水平）、基于个人特征的工作满意水平（根据性别、家庭地位、婚姻状况、年龄、教育水平、迁徙路径）和基于工作特征的工作满意水平（根据机构部门、工业门类、工资和非工资地位、社会经济组织）三个方面进行了衡量。④ 卢切·迪沃恩（Lucie Davoine）和克里斯汀·乙烯利（Christine Ehrel）通过回顾以前的研究，认为就业质量作为一个多维的概念，由四个基本评级指标来

① 高伟：《农民工就业质量评价体系构建及应用》，沈阳农业大学硕士论文，2012年。

② Roopali Johri, “Work Values and the Quality of Employment: A Literature Review”, *Department of Labor*, 2005.

③ UNECE Task Force on the Measurement of Quality of Employment, “Measuring Quality of Employment Country Pilot Reports”, *United Nations Geneva*, 2010.

④ Mireille Razafindrakoto, Francois Roubaud, “Job Satisfaction: A Measurement of Employment Quality Compared with Aspirations in eight African Capitals”, *Development Institutions and Mondialisation*, 2011, 12.

衡量：体面的工资和工资的不平等性、技能和培训、工作条件、兼顾工作和家庭的能力以及性别平等。这一指标综合了主观和客观指标，可以从动态和静态的角度对就业质量进行衡量。① 珍妮莱斯赫（Janine Leschke）和安德列瓦（Andrew Watt）提出的工作质量指标（job quality index）包括六个子指标：工资、非正规就业率、工作和生活的平衡和工作时间、工作条件和工作保障、获得培训的机会和职业发展、集体利益的代表权和发言权。②

（三）就业质量评价指标体系的基本维度和特点

虽然国际组织和学者关于就业质量的评价指标各不相同，但概括起来可归为6个方面：一是就业状况，包括就业机会、收入、社会保险及福利、工作和休息时间等指标。二是就业环境，包括工作稳定性、工作场所的安全以及社会保障等指标。三是就业者尊严，即工作中是否得到工作单位、同事和周围人的尊重，正当权利是否被损害，以及是否有渠道表达自己的意见、参与有关问题的决策，包括社会对话、员工参与、工人权利、员工对工作决策的影响、集体利益的代表权和发言权等指标。四是就业的平等性，即是否受到歧视或不公正的对待，包括性别平等、待遇公平、非歧视性等指标。五是培训与职业发展机会，即是否能够得到相应的技能培训和职业发展或升迁的机会，包括终身学习、培训、职业发展等指标。六是就业能力，即劳动者自身能力与工作的契合程度，包括总体工作表现、兼顾工作和家庭的能力、工作动机等指标。

综合上述六个方面，可以发现此类研究有两个特点：第一，具体指标除了涵盖劳动报酬、就业稳定性、就业安全、工作时间外，更关注工作与生活之间的平衡、职业发展、谈判机制以及员工关系等信息。第二，评价指标除了涵盖劳动者通过就业应获得的部分（即对劳动需求方——企业单位和社会的评价）外，还涉及劳动者通过就业应向企业和社会提供的部分（即对就业供给方——劳动者的评价，如就业能力），使评价指标更具完整性和全面性。

三、国外就业质量状况

借助相关指标体系，众多学者对各个国家和地区的就业质量进行了测量，并得出了一些有意义的结论。

（一）国际劳工组织（ILO）评价指标体系的实证结果③

国际劳工组织除了将衡量“体面劳动”的指标分为6个维度：工作机会、在自由的条

① Lucie Davoine, Christine Ehrel, “Monitoring Employment Quality in Europe: European Employment Strategy Indicators and Beyond”, *International Labor Review*, 2008, Vol. 147 (2).

② Janine Leschke , Andrew Watt, “Job Quality in Europe”, *European Trade Union Institute for Research, Education and Health and Safety* (*ETUI-REHS*), 2008, 07.

③ Dharma GHAI, “Decent Work: Concept and Indicators”, *International Labour Review*, 2003, Vol. 142 (2).

件下工作、生产性的工作、工作平等、工作安全和工作尊严外，在同一个报告中，“体面劳动”的指标还被分成就业、社会保障、工人权利和社会对话4个维度，以下结果按照就业、社会保障、工人权利和社会对话这4个维度加以对比分析，测量范围包括北欧国家、盎格鲁—撒克逊国家、大陆国家和新工业化国家。

1. 就业

就业方面，国际劳工组织选择了劳动力参与率、1987—1998年期间的失业率和收入或消费分布的基尼系数三个指标来加以衡量。对于就业，表现较好的国家包括瑞典、丹麦、日本、挪威、奥地利、瑞士和卢森堡，表现差的国家包括爱尔兰、西班牙、希腊、法国、意大利、新西兰和比利时。其他国家则处于中间水平。

2. 社会保障

社会保障用公共社会保障支出占GDP的比例这一指标来衡量。

对于社会保障，表现较好的国家包括瑞典、丹麦、芬兰、法国、德国、挪威、比利时和荷兰。排名比较靠后的国家包括日本、澳大利亚、美国、加拿大、爱尔兰、葡萄牙和新西兰。其他国家则处于中间位置。

3. 工人权利

工人权利指标强调工作中的歧视，歧视有两个相关的方面——性别和种族。对于种族，没有足够的数据表明对少数民族工作中的歧视；对于性别，包括女性劳动力参与率、女性行政或管理工作者比重与女性专业技术工人比重、女性/男性失业率三个指标。

对于性别差距，表现较好的国家包括挪威、芬兰、瑞典、美国、英国、加拿大和新西兰，排名靠后的包括卢森堡、希腊、意大利、荷兰、法国、西班牙和瑞士。其他国家则处于中间位置。

4. 社会对话

社会对话用工会成员在所有雇员中的比重或国家中工会的密度来衡量。

对于社会对话，表现最好的国家包括瑞典、丹麦、芬兰、挪威、比利时、爱尔兰和意大利。表现较差的国家包括法国、美国、西班牙、瑞士、日本、新西兰、希腊和葡萄牙。

将上述四个部分合并起来，可以得到各个国家“体面劳动”的综合排名，具体结果见下表。从表中可以发现，就业质量较高的国家包括瑞典、丹麦、挪威、芬兰、奥地利、德国和加拿大，而就业质量较低的国家则包括西班牙、希腊、法国、爱尔兰、美国、新西兰、日本和意大利。为了勾勒出各个工业国家体面劳动的概况，对它们进行如下分类：

北欧国家：包括丹麦、芬兰、挪威和瑞典。这些国家除失业率，所有的指标都表现较好，其中瑞典和丹麦在平均水平，芬兰表现较差。

盎格鲁—撒克逊国家：包括澳大利亚、加拿大、新西兰、英国、美国。这些国家在性别差距和劳动力参与率方面表现较好，但在收入分布和社会保障方面表现较差。它们在失业率和社会对话方面表现出平均水平，其中新西兰和美国的社会对话方面较差。

大陆国家：包括奥地利、比利时、法国、德国、意大利、卢森堡、荷兰、瑞士。这些国家间体面劳动概况的差异在一定程度上较大。整体来说，他们在性别差距、劳动力参与率（但瑞士属于最好的一类）和失业率（但卢森堡、瑞士和奥地利属于好的一类，荷兰处于平均水平）表现较差。他们的收入分配（奥地利、卢森堡和比利时属于好的一类）、社会保障（法国、德国、比利时和荷兰属于好的一类）和社会对话（法国和瑞士属于差的一类）处于中间一类。

新工业化国家：包括希腊、爱尔兰、葡萄牙、西班牙。除了个别的指标，比如性别差距（爱尔兰和葡萄牙处于平均水平）、劳动力参与率（葡萄牙处于平均水平）、失业率（葡萄牙较好）、不平等性、社会保障和社会对话（爱尔兰较好）之外，这些国家在其他指标上表现都较差。

（二）学者米雷优和弗朗索瓦评价指标体系的实证结果①

米雷优和弗朗索瓦认为就业质量可以用工作满意度来衡量，并对 8 个非洲国家的首都尼亚美、瓦加杜古、达喀尔、巴马科、科托努、洛美、塔那那利佛和阿比让的工作满意度进行了衡量。

1. 基于劳动力状态的工作满意水平

学者米雷优和弗朗索瓦分别对就业工人、失业者、长期失业人口和怠惰工人这四种不同劳动力状态下的工作满意水平进行了衡量，具体衡量结果如表 1 所示。

表 1　不同劳动力状态的工作满意水平（%）

	科托努	瓦加杜古	阿比让	巴马科	尼亚美	达喀尔	洛美	塔那那利佛
就业工人	56.7	53.1	46.9	54.9	49.1	45.0	46.8	61.1
失业者	4.0	1.0	2.3	6.7	2.6	5.5	3.8	0.4
长期失业人口	8.2	3.7	2.6	10.1	3.4	7.8	13.2	16.5
怠惰工人	44.9	54.5	28.5	50.1	50.6	50.7	45.6	28.4

资料来源：Mireille Razafindrakoto，Francois Roubaud，"Job Satisfaction：A Measurement of Employment Quality Compared with Aspirations in eight African Capitals"，*Development Institutions and Mondialisation*，2011，12。

① Mireille Razafindrakoto，Francois Roubaud，"Job Satisfaction：A Measurement of Employment Quality Compared with Aspirations in eight African Capitals"，*Development Institutions and Mondialisation*，2011，12.

2. 基于个人特征的工作满意水平（见表 2）

表 2　基于个人特征的工作满意水平（%）

根据性别	科托努	瓦加杜古	阿比让	巴马科	尼亚美	达喀尔	洛美	塔那那利佛
男性	54.5	50.1	43.9	52.2	45.6	36.8	44.4	60.9
女性	60.1	62.9	57.2	61.1	57.5	63.6	60.3	63.6
根据家庭地位	科托努	瓦加杜古	阿比让	巴马科	尼亚美	达喀尔	洛美	塔那那利佛
户主	63.0	57.8	54.1	62.4	54.1	49.2	52.8	68.9
配偶	67.4	59.5	53.3	57.3	55.0	46.5	55.3	69.3
其他	4.5	39.5	31.2	34.8	31.9	33.1	28.0	41.3
根据婚姻状况	科托努	瓦加杜古	阿比让	巴马科	尼亚美	达喀尔	洛美	塔那那利佛
已婚	65.1	59.4	55.2	60.7	55.2	47.6	55.1	60.6
单身	33.0	36.1	32.1	34.3	29.0	29.5	27.7	53.9
离婚或丧偶	64.3	69.6	56.5	61.1	59.6	46.0	52.4	80.5
根据年龄	科托努	瓦加杜古	阿比让	巴马科	尼亚美	达喀尔	洛美	塔那那利佛
20 岁以下	24.3	30.3	22.3	23.3	22.6	25.8	20.0	26.6
20—29 岁	44.6	41.9	37.3	45.3	37.1	32.0	39.3	43.4
30—39 岁	59.6	52.2	47.9	52.0	45.4	37.5	47.1	62.7
40—49 岁	68.6	63.9	61.4	67.3	60.7	48.4	59.7	73.0
超过 50 岁	82.1	81.9	72.2	76.4	69.3	60.4	73.0	84.9
根据教育水平	科托努	瓦加杜古	阿比让	巴马科	尼亚美	达喀尔	洛美	塔那那利佛
未受教育	61.2	58.0	54.0	57.3	54.8	42.6	55.3	65.2
初级教育	49.6	43.0	38.1	46.0	34.8	31.7	39.9	55.9
中级教育	53.0	44.5	39.0	44.2	43.1	38.6	43.1	58.4
次级教育	53.2	52.7	49.8	43.5	41.8	37.7	44.2	67.5
高等教育	59.0	53.0	40.7	60.4	45.3	48.5	45.8	71.3
根据迁徙路径	科托努	瓦加杜古	阿比让	巴马科	尼亚美	达喀尔	洛美	塔那那利佛
本地人	50.2	48.1	39.6	46.7	37.5	37.5	43.0	60.3
移民	58.6	53.8	47.6	57.5	52.6	41.4	46.4	65.1

资料来源：Mireille Razafindrakoto，Francois Roubaud，“Job Satisfaction：A Measurement of Employment Quality Compared with Aspirations in eight African Capitals”，*Development Institutions and Mondialisation*，2011，12。

从表 2 可以看出，女性对她们的工作满意程度更高；家庭其他成员（既不是户主也不是配偶）对工作的满意程度较低；单身一般认为有较少的约束和在找工作时较大的余地，但是观察结果显示他们对工作的满意程度也较低；从年龄来看，随着年龄的增加工作满意程度不断提升，20 岁以下的年轻人的满意程度不足 1/4，这反映了劳动力市场的进入壁垒问题，同样反映了劳动力市场不能满足求职者的求职意愿问题；关于工作满意程度和受教育水平的关系可以用 U 型曲线来表示，受教育最低和受教育最高的人表现出较高的工作满意度，这一结果可能同低教育水平的求职者往往很少有机会找到一个高质量的工作相矛盾，但是低教育水平求职者的求职意愿往往也较低；最后，移民往往对他们的工作是满意的，或者是因为他们调整自己的意愿与工作相适应，也或者是因为他们受共同目标的驱使并设法做到找到更高质量的工作。

3. 基于工作特征的工作满意水平（见表 3）

表 3　基于工作特征的工作满意水平（%）

根据机构部门	科托努	瓦加杜古	阿比让	巴马科	尼亚美	达喀尔	洛美	塔那那利佛
公共部门	64.4	59.7	58.3	67.4	48.7	58.1	61.5	79.5
正式的私人部门	53.0	47.3	44.1	48.6	42.1	38.9	37.4	62.9
非正式部门	53.9	50.8	44.3	51.1	46.8	37.1	44.5	56.7
根据工业门类	科托努	瓦加杜古	阿比让	巴马科	尼亚美	达喀尔	洛美	塔那那利佛
初级产业	59.3	50.9	56.6	55.7	43.4	40.3	46.3	64.5
制造业	46.1	52.4	42.5	47.2	43.7	33.7	42.3	60.8
商业	61.8	52.8	51.0	54.3	51.1	43.0	47.9	62.3
服务业	51.8	49.3	41.3	53.1	45.9	39.9	43.4	60.2
根据工资和非工资地位	科托努	瓦加杜古	阿比让	巴马科	尼亚美	达喀尔	洛美	塔那那利佛
非工资收入者	55.0	52.1	46.7	51.1	46.3	37.5	46.1	59.6
工资收入者	53.8	49.9	42.9	56.4	46.6	41.6	41.2	62.9
根据社会经济组织	科托努	瓦加杜古	阿比让	巴马科	尼亚美	达喀尔	洛美	塔那那利佛
工资收入者								
高级经理、工程师等	62.8	59.2	55.2	71.3	45.3	65.5	58.3	81.9
中级经理、管理人	59.6	57.8	53.5	54.9	50.0	52.9	53.6	67.7
熟练手工/非体力劳动	55.5	58.6	44.2	60.8	54.7	48.6	49.7	69.1

续表

根据社会经济组织	科托努	瓦加杜古	阿比让	巴马科	尼亚美	达喀尔	洛美	塔那那利佛
半熟练手工/非手工	51.4	51.4	44.7	51.1	40.4	35.1	34.2	59.1
无需技能的	36.2	35.9	32.2	47.1	44.0	30.3	26.6	48.9
非工资收入者								
业主/雇主（依靠雇员获得收入）	72.5	66.0	65.3	65.8	69.3	50.0	55.5	84.5
个体经营者	63.0	61.0	52.9	54.4	54.7	43.4	52.0	61.3
学徒	23.7	16.6	18.6	22.7	15.1	23.1	21.6	11.2
家庭从业人员	27.1	35.3	22.1	20.1	28.2	19.5	20.9	43.8

资料来源：Mireille Razafindrakoto，Francois Roubaud，"Job Satisfaction：A Measurement of Employment Quality Compared with Aspirations in eight African Capitals"，*Development Institutions and Mondialisation*，2011，12。

从表3可以看出，公共部门的工人对工作的满意程度是最高的，而除达喀尔和塔那那利佛外，非正式部门的工作满意度要略高于正式的私人部门；按照工业门类进行划分的工作满意度的结果各个国家有所不同，这同各个国家各部门的发展程度有关；对于工资和非工资地位，和预想结果不同的是工资收入者同非工资收入者相比，并没有更高的工作满意度，除巴马科、达喀尔和塔那那利佛外，其他地区的非工资收入者的工作满意度均高于工资收入者的工作满意度；最后，工作满意度倾向于同社会经济地位有关，在工资收入者中，经理的满意度是最高的（其中尼亚美是个例外，同塔那那利佛82%的最高满意度相反，仅有45%的满意度），在非工资收入者中，雇主或业主的工作满意度要高于个体经营者，学徒和家庭从业人员的区别并不明显。

（三）学者布瑞斯博伊斯（Brisbois）评价指标体系的实证结果①

布瑞斯博伊斯（Brisbois）在欧洲基金会提出的指标基础上，建立了一套新的指标对加拿大就业质量进行测量。

布瑞斯博伊斯的测量结果显示，加拿大每年工作时长高于平均值（欧洲、加拿大、美国的平均值），并且从工作和家庭生活的平衡中所获得的幸福指数高于平均值。同南欧和美国的工人一样，加拿大工人特别重视健康和安全问题。加拿大是继美国之后第二个让工人有可能在工作中感到自己大材小用的国家，并且在接受雇主出资的培训方面名列第四。加拿大的临时雇用接近平均值，但比美国高。加拿大工人对于自己总体工作条件满意度高于平均值，但是低于美国工人感到满意的程度。加拿大在大多数指标上高于其每年工作时长，高于平均值（欧洲、加拿大、美国的平均值），特别是在技能培养方面，健康和安全问题单

① Roopali Johri，"Work Values and the Quality of Employment：A Literature Review"，*Department of Labor*，2005.

列考虑。加拿大总体工作满意度低于美国，在吸引流动的、高技能的工人方面是个问题。①

（四）联合国欧洲经济委员会（UNECE）指标体系的实证结果②

联合国欧洲经济委员会对加拿大、芬兰、法国、德国、以色列、意大利、墨西哥、摩尔多瓦和乌克兰 9 个国家的就业质量进行了测量，测量范围覆盖全球各个地区的发达国家和发展中国家。

1. 安全保护和道德规范

在安全保护和道德规范方面，各个国家致命工伤率和非致命工伤率较往年都有不同程度的降低，但大部分国家的非致命工伤率仍较高，每 10 万员工中遭遇非致命工伤的人数在 3000 人左右。相对于其他国家而言，摩尔多瓦非致命工伤率较低，每 10 万员工中有 66 人为非致命工伤。此外，根据报告中的调查显示，有一半左右的雇员工作在影响心理健康或身体健康的工作环境中。

2. 收入和福利

在收入分配方面，各个国家收入分配存在着不同程度的不平衡现象，如德国有 20% 的雇员收到的时薪低于中位数的 2/3，以色列雇员收入低于最低工资雇员的比例为 25.4%，法国管理和专业职业的平均工资超过工人和雇员平均工资的 2.7 至 2.8 倍，男性工资超过女性工资的 23%。在福利方面，目前各个国家大部分的雇员已经实现享有带薪休假的福利。

3. 工作时间和工作与日常生活的平衡

一般认为较短的工作时间是保证较高工作质量的一个重要方面，现将 9 个国家近年来估算的平均每年工作时间列出，如表 4 所示。

表 4　9 个国家平均每年的工作时间（小时）

国家	工作时间	国家	工作时间
加拿大	1877	意大利	1802
芬兰	1664	墨西哥	2189
法国	1680	摩尔多瓦	1776
德国	1430	乌克兰	1992
以色列	2043		

资料来源：UNECE Task Force on the Measurement of Quality of Employment, "Measuring Quality of Employment Country Pilot Reports", *United Nations Geneva*, 2010。

① Roopali Johri, "Work Values and the Quality of Employment: A Literature Review", *Department of Labor*, 2005.

② UNECE Task Force on the Measurement of Quality of Employment, "Measuring Quality of Employment Country Pilot Reports", *United Nations Geneva*, 2010.

从表 4 可以看出，除以色列和墨西哥以外，其他国家的工作时间均在 2000 小时/年以下，其中德国工作时间最短，仅有 1430 小时/年，除德国外，芬兰和法国的工作时间也较短。

平衡工作与日常生活，增加弹性工作时间是很必要的。对弹性工作时间进行衡量的只有极少数的国家，从这几个国家的数据来看，享有弹性工作时间的员工的比例并不是很高，如加拿大为 37%，法国为 20.6%，摩尔多瓦为 16%。

4. 就业的安全性和社会保障

用临时就业的比例来衡量就业安全性，社会保障支出占 GDP 的比例来衡量社会保障的完善程度，9 个国家近年来具体的临时就业的比例及社会保障支出占 GDP 的比例如表 5 所示。

表 5　9 个国家临时就业比例

国家	临时就业的比例	社会保障支出占 GDP 的比例
加拿大	9.1%	17.5%
芬兰	64%	26.2%
法国	13.5%	25%
德国	8.7%	29%
以色列	—	15.7%
意大利	13.3%	18.2%
墨西哥	—	1.9%
摩尔多瓦	5.5%	12.6%
乌克兰	21.8%	21%

资料来源：UNECE Task Force on the Measurement of Quality of Employment，“Measuring Quality of Employment Country Pilot Reports”，*United Nations Geneva*，2010。

从表 5 可以看出临时就业的比例除芬兰以外，各个国家的临时就业比例都较低，芬兰的高临时就业比例主要归因于芬兰娱乐、餐饮以及运输等行业的发展，对临时工的需求日益增加。社会保障支出占 GDP 的比例较高的国家主要有德国、芬兰和法国，较低的国家主要有墨西哥、摩尔多瓦和以色列。其中墨西哥这一比例仅为 1.9%，是由于在墨西哥除了首都以外，其他城市不享有国家失业保险，因此社会保障支出占 GDP 的比例较低。

5. 社会对话

目前各个国家的集体协议的覆盖率都较高，意大利、乌克兰集体协议覆盖率达 80%以上，芬兰为 91.4%，法国高达 97.7%。但是参加工会的比例较低，乌克兰、加拿大、摩尔多瓦加入工会的员工的比例分别为 42.1%、31.2%和 25.4%，墨西哥的这一比例仅为 16.3%。

6. 技能发展与培训

在高技能从业人员的比重方面，德国、以色列和意大利的高技能就业比重较高，在 40%左右，法国、芬兰高技能从业人员比重则较低，法国这一比例为 16.2%，芬兰为 24.4%。在培训方面，法国、加拿大接受工作培训的比重都在 40%以上，而乌克兰、意大利雇员接受工作培训的比例则较低，不足 10%。

7. 职场人际关系和工作积极性

职场人际关系和工作积极性涉及一个人对其工作的主观评价，因此测量较为困难，只有少数国家对这一指标进行了测量，测量的国家中芬兰、法国、德国和意大利的雇员对工作满意的程度大约都在 80%左右。

（五）欧盟就业质量测量结果①

在欧洲就业报告中，用 Kohonen 图展示了欧盟国家工作质量的发展过程，成员国被分为 10 类，进一步划分成 4 组，如表 6 所示。

表 6　工作质量指标的 Kohonen 图

类	1994	1995	1996	1997	1998	1999	2000	2001	2002	2003	2004
1		瑞典	芬兰	爱沙尼亚	爱沙尼亚	芬兰	丹麦	奥地利	奥地利	奥地利	奥地利
1			瑞典	芬兰	芬兰	瑞典	芬兰	丹麦	丹麦	丹麦	丹麦
1					瑞典		瑞典	芬兰	爱尔兰	爱尔兰	爱尔兰
1								瑞典	瑞典	瑞典	
2	丹麦								芬兰	芬兰	芬兰
2										法国	法国
2											瑞典
3		芬兰	奥地利	瑞典	奥地利	奥地利	奥地利	爱沙尼亚	拉脱维亚	拉脱维亚	拉脱维亚
3			丹麦		丹麦	爱沙尼亚	爱沙尼亚				
4	比利时	丹麦		丹麦	荷兰	丹麦	匈牙利	斯洛伐克	爱沙尼亚	爱沙尼亚	爱沙尼亚
4	法国								波兰	斯洛伐克	斯洛伐克
5		奥地利	荷兰	奥地利	法国	荷兰	比利时	匈牙利	斯洛伐克		捷克

① European Commission, *Employment in Europe 2008*, http://ec.europa.eu/social/main.jsp?catId=89&langId=en&newsId=415&furtherNews=yes.

续表

类	1994	1995	1996	1997	1998	1999	2000	2001	2002	2003	2004
5				荷兰			波兰				
6	爱尔兰	比利时	法国		比利时	比利时	塞浦路斯	比利时	匈牙利	匈牙利	比利时
6					匈牙利	法国	法国		捷克	捷克	匈牙利
7		法国	比利时	比利时		匈牙利		法国	比利时	比利时	塞浦路斯
7				法国							
8	希腊	爱尔兰	爱尔兰	爱尔兰	西班牙	意大利	西班牙	塞浦路斯	塞浦路斯	塞浦路斯	西班牙
8	意大利	葡萄牙			葡萄牙		葡萄牙	葡萄牙	法国	西班牙	葡萄牙
8									葡萄牙	葡萄牙	
9			西班牙	西班牙		希腊		西班牙	西班牙		
9				葡萄牙							
10	西班牙	西班牙	希腊	希腊	希腊	西班牙	希腊	希腊	希腊	希腊	希腊
10	葡萄牙	希腊	意大利	意大利	意大利	葡萄牙	意大利	意大利	意大利	意大利	意大利
10		意大利	波兰							波兰	波兰

资料来源：European Commission，*Employment in Europe 2008*，http：//ec. europa. eu/social/main. jsp? catId = 89&langId = en&newsId = 415&furtherNews = yes。

从表 6 可以看出，北欧国家（如丹麦、芬兰和瑞典）被分在表现最好的一组；一些南部成员国（如希腊和意大利）被包含在表现最差的一组；大陆成员国（如比利时、法国和荷兰）处于中间的位置。

表 6 中各个国家的工作质量随着时间的推移而不断变化。首先，工作质量划分为四个组，如表 6 所示，不同分组以不同深浅的灰色表示。1994 - 1999 年，只有三个分组，从 2000 年开始，伴随着一些新成员国的加入，分组变为四组，表明新成员国加入欧盟增加了工作质量结果的异质性。其次，随着时间的推移，成员国的相对排名发生了一些变化。一方面，奥地利、法国和爱尔兰似乎从中间位置移动到最高位置，表明了赶超北欧成员国的过程趋势；另一方面，爱沙尼亚和波兰的相对位置向下移动。

四、小　结

从已有文献看，国外的就业质量研究无论是在内涵界定还是测量方法方面，都给我们提供了很好的借鉴。近年来，我国就业质量得到了明显改善，职工工资水平稳步提高、用工逐步规范、劳动者素质不断提高、就业环境进一步改善。党的十八大报告中明确提出，要实施就业优先战略和更加积极的就业政策，推动实现更高质量的就业，并将就业更加充分作为全面建成小康社会的重要目标，进一步明确了促进就业的方针政策和重大举措。在这一背景下，结合中国实际情况，研究如何进一步提升我国就业质量具有重大的理论和现实意义。但应该看到，中国是一个发展中的人口大国，其面临的就业问题明显地区别于国外的情况。因此，结合中国的人口和就业特点，探讨适合中国就业质量测量的指标体系，成为我国未来就业质量测度的发展方向。

参考文献

[1] ILO, " *Decent work, Report of the Direct General*", International Labor Conference, 87th Session, Geneva, 1999, http: //www. ilo. org/public/english/standards/relm/ilc/ilc87/rep-i. htm.

[2] Roopali Johri, " Work Values and the Quality of Employment: A Literature Review", *Department of Labor*, 2005.

[3] Fredric K. Schroeder, " Workplace Issues and Placement: What is High Quality Employment?", *Work*, 2007, Vol. 29 (4).

[4] 国福丽:《国外就业质量评价指标研究概述》,《中国劳动》2009年第10期。

[5] Richard Anker, lgor Chernyshev, Philippe, Farhad Mehran, Joseph A. Ritter, "Measuring Decent Work with Statistical Indicators", *International Labor Review*, 2003, Vol. 142, No2.

[6] UNECE Task Force on the Measurement of Quality of Employment, "Measuring Quality of Employment Country Pilot Reports", *United Nations Geneva*, 2010.

[7] Lucie Davoine, Christine Ehrel, "Monitoring Employment Quality in Europe: European Employment Strategy indicators and beyond", *International Labor Review*, 2008, Vol. 147 (2).

[8] Janine Leschke, Andrew Watt, "Job quality in Europe", *European Trade Union Institute for Research, Education and Health and Safety* (*ETUI-REHS*), 2008, 07.

[9] Dharma GHAI, "Decent work: Concept and Indicators", *International Labour Review*, 2003, Vol. 142 (2).

[10] United Nations, "Measuring Quality of Employment-Country Pilot Reports", *United Nations Economic Commission for Europe*, 2010.

[11] European Commission, *Employment in Europe* 2008, http: //ec. europa. eu/social/main. jsp? catId=89&langId=en&newsId=415&furtherNews=yes.

Connotation and Measurement of Employment Quality: Research Based on International Comparisons

Tian Yongpo, Man Zihui

Abstract: The concept of employment quality proposed in recent years constantly being enriched and improved, this paper drawing upon exiting research literature define and discuss the related concepts of employment quality and analyzes the employment quality evaluation index system from the perspective of international comparisons and discusses related measurement results from the study of the Unite State, Canada, the EU and other countries and regions. Based on the summary of the characteristics of the employment quality from different countries, this paper proposed the development direction for future employment quality measurement according to the current situation in China.

Key words: employment quality, measurement system, international comparisons

（编辑：刘　洋）

·书　讯·

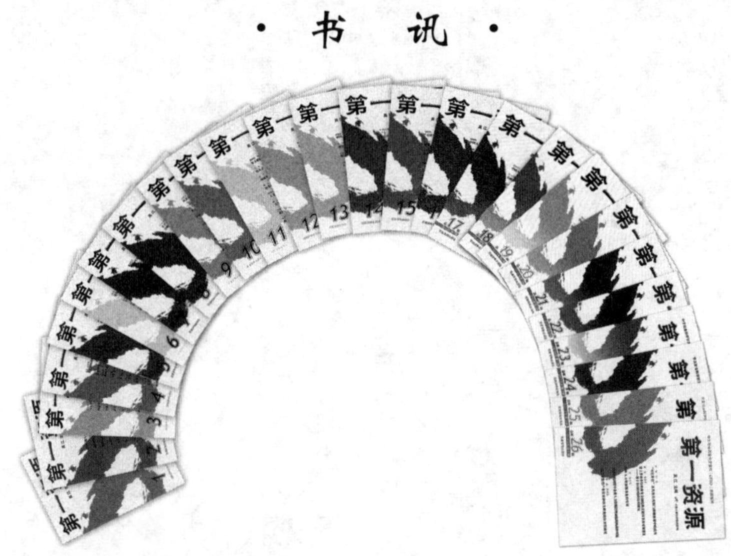

“人才是我国经济社会发展的第一资源。”为推动人才资源开发、人力资源管理的理论和实践创新，中国人事科学研究院编写了《第一资源》（1—26 辑）。该书分为战略论坛、管理创新、理论思考、改革热点、国际比较和百家论坛等专题，汇集国内名家并直接刊登国外专家学者最新论述，内容涵盖人才资源开发和人力资源管理及相关领域的深度理论研究和专题调研成果，力求具有权威性、专业性和前瞻性，旨在为业内专家、组织人事部门及有关人员提供一个学习交流、研究探讨的最佳平台。2011 年底，《第一资源》入选中文社会科学引文索引（CSSCI）来源集刊，更加注重吸收人才工作管理经验，拓展人才学科国际视野。

《第一资源》每辑 20 万字左右，16 开本，平装，每册定价 30.00 元，党建读物出版社出版。